ÇİLEKLER: KANITLANMIŞ 100 TARİF

100 Leziz Yemekle Çileğin Tatlı ve Sulu Dünyasını Keşfedin

ALPEREN CAN

Telif Hakkı Malzemesi ©2024

Her hakkı saklıdır

, incelemede kullanılan kısa alıntılar dışında, yayıncının ve telif hakkı sahibinin uygun yazılı izni olmadan, hiçbir şekilde veya yöntemle kullanılamaz veya aktarılamaz . Bu kitap tıbbi, hukuki veya diğer profesyonel tavsiyelerin yerine geçmemelidir.

İÇİNDEKİLER

İÇİNDEKİLER 3
GİRİİŞ 6
KAHVALTI 7
   1. BLENDER ÇİLEKLİ MOCHI MUFFİN 8
   2. ÇİLEKLİ KREP 11
   3. ÇİKOLATALI VE ÇİLEK DOLGULU KREP 13
   4. HİNDİSTAN CEVİZLİ ÇİLEK FIRINDA YULAF 15
   5. BANOFFEE WAFFLE 17
   6. ÇİLEKLİ MÜRVER ÇİÇEĞİ KREP 20
   7. ÇİLEKLİ CHEESECAKE FIRINDA YULAF 22
   8. KİRAZ DOLGULU KRAKER KRUVASAN 24
   9. ÇİLEKLİ ROSÉ KREP 26
   10. GÜL ŞURUBU, ÇİLEK VE CRÈME FRAÎCHE ILE WAFFLE 28
   11. ÇİLEKLİ AKÇAAĞAÇ ÇÖREKLER 30
   12. ÇİLEKLİ KREM PEYNİRLİ BRİOCHE ÖRGÜSÜ 32
   13. ÇİLEK DOLMASI İNGİLİZ ÇÖREĞİ 34
   14. ÇİLEK VE KIRAZ DOLGULU KRAKER KRUVASAN 36
ATIŞTIRMALIKLAR VE MEZELER 38
   15. ÇİLEKLİ PİRİNÇ KRİSPİE OREO İKRAMLARI 39
   16. ÇİLEKLİ CHEESECAKE PİRİNÇ KRİSPİES 41
   17. ÇİLEK REÇELİ DOLGULU POP TART 44
   18. KREM PEYNİRLİ ÇİLEKLİ POP TART 46
   19. ÇİLEKLİ SÜZME PEYNİR BARLARI 49
   20. ÇİLEKLİ MANGO KREMALI PUFLAR 51
   21. ÇİLEKLİ CRUFFİNLER 55
   22. ÇİLEKLİ YOĞURTLU KURABİYE KARELERİ 57
   23. DOLMA ÇİLEK 59
   24. NUTELLALI ÇİLEK DOLMASI 61
   25. ÇİKOLATA KAPLI ÇİLEK 63
   26. KIRMIZI, BEYAZ VE MAVİ ÇİLEKLER 65
   27. CINCO DE MAYO ÇİLEKLER 67
   28. ÇİLEK NOEL BABA ŞAPKALARI 69
   29. ÇİLEK ŞİFON KARELER 71
   30. S'MORES ÇİLEK DOLMASI 73
   31. ÇİLEKLİ CHEESECAKE CHURROS 75
   32. ÇİLEKLİ KREM PEYNİRLİ ENCHİLADAS 77
   33. GODIVA ÇİLEK MUZ KABOBS 79
   34. SOSLU KARIŞIK MEYVELİ BÖREK 81
   35. ÇİLEKLİ LİMONATA SOSLU SPRING ROLLS 84
   36. ÇİLEKLİ DONDURULMUŞ YOĞURTLU GOFRET 87

37. ÇİLEK TUİLES 91
38. LUNCHBOX ÇİLEKLİ YOĞURT SOSU 93
39. ÇİLEK TEMPURA 95
40. ÇİLEKLİ CHEESECAKE NACHOS 97
ANA DİL 99
41. BİBERLİ VE ISPANAKLI ÇİLEK SALATASI 100
42. PEMBE PARTİ SALATASI 102
43. KIVI ÇİLEK NANE MEYVE SUŞI KASESİ 104
44. ÇİLEKLİ FESLEĞENLİ PROSCIUTTO IZGARA PEYNİR 106
45. ÇİLEK VE KREM PEYNİRLİ TOST 108
46. KUŞKONMAZ VE ÇİLEK SALATASI 111
47. ÇİLEK VE ISPANAKLI MANTI SALATASI 113
TATLI 115
48. ÇİLEK AYNA GLAZE MAKARON 116
49. ÇİLEK LAMİNGTONLARI 120
50. ÇİLEKLİ SUFLE 122
51. ÇİKOLATAYA DALDIRILMIŞ ÇİLEKLİ KURABİYE 124
52. MÜRVER ÇİÇEĞİ PANNA COTTA ÇİLEKLİ 127
53. GÜL ÇİLEK LAMINGTON 130
54. ÇİLEK VE MÜRVER ÇİÇEĞİ PASTASI 133
55. KUKALAR ÇILEKLI CHEESECAKE 136
56. ÇİLEKLİ KURABİYE TEREYAĞLI KURABİYE 138
57. ÇİLEKLİ CRUNCH TRES LECHES PASTASI 140
58. ÇİLEKLI CHEESECAKE TART 142
59. PIŞIRMESİZ ÇİLEKLİ LİMONATA KEK 144
60. PİŞİRMESİZ ÇİLEKLİ TARTLET 146
61. ÇİLEKLİ KURABİYE LAZANYA 148
62. ÇİLEKLİ CHEESECAKE POPSİCLES 150
63. ÇİLEK VE MUHALLEBİ MOONCAKE 152
64. ÇİKOLATA KAPLI ÇİLEK SAKSILARI DE CRÈME 155
65. ÇİLEK VE GÜL YAPRAKLI KURABİYE 158
66. ÇİLEKLİ KEK RULOSU 160
67. LİMONLU ÇILEKLI CHEESECAKE BUNDT KEK 163
68. ÇİLEKLİ KURABİYE ŞİFON CUPCAKES 166
69. ÇILEKLI ŞİFON CHEESECAKE PARFE 169
70. ÇİLEK VE KREMALI EKLER 172
71. RAVENT GÜLÜ VE ÇILEK FISTIKLI GALETTES 175
72. NANE ÇILEK POSSET 179
73. CHEESECAKE DOLGULU ÇİLEKLİ KEK KARIŞIMI KURABİYE ... 181
74. GODIVA ÇİLEKLİ TURTA 184
75. LAVANTA KREMALI MİNİ ÇİLEKLİ TART 186
76. ÇİLEK AYNA SIRLI BAVAROİS 189
77. ÇİLEK FISTIKLI MİLLE-FEUİLLANTİNES 192

78. AYYAŞ ÇİLEKLİ TRİFLE 195
79. ÇILEK RAVENT AYAKKABICI 197
80. RAVENT VE ÇİLEK GEVREĞİ 199
81. ÇİLEKLİ BİSCOFF TATLI PİZZA 201
82. ÇİLEKLİ MAKARON 204
83. ÇILEKLI ŞAMPANYA ŞERBETI 207
84. FERRERO ROCHER ÇILEK CHARLOTTE 209
85. HİBİSCUS ÇİLEK MARGARİTA FLOAT 211

ÇEŞNİLER 213
86. ÇİLEK REÇELİ 214
87. ÇİLEK LAVANTA REÇELİ 216
88. ÇİLEK SIR 218
89. RAVENT, GÜL VE ÇİLEK REÇELİ 220

İÇECEKLER 222
90. SKITTLES ÇİLEKLİ MİLKSHAKE 223
91. ÇILEK AÇAÍ ROSÉ SPRITZER 225
92. ÇİLEK LASSİ 227
93. ÇILEK VE MARSHMALLOW KOKTEYLI 229
94. ÇİLEKLİ MUZLU FINDIKLI SMOOTHİE 231
95. ÇİLEKLİ LİMONATA SPRITZER 233
96. ÇİLEK VE FISTIKLI SMOOTHİE 235
97. DALGONA ÇİLEKLİ SÜT 237
98. KÖPÜKLÜ ÇİLEK MİMOZA 239
99. KAHVALTI DUT MUZLU MİLKSHAKE 241
100. NANE VE ÇİLEK SMOOTHİE 243

ÇÖZÜM 245

GİRİİŞ

"Çilek: 100 Denenmiş ve Doğru Tarif"e hoş geldiniz. Çilek canlı rengi, tatlı tadı ve sulu dokusuyla her yaştan insanın severek tükettiği bir meyvedir. Bu yemek kitabında sizi, bu enfes meyveyi tüm ihtişamıyla kutlayan 100 leziz yemekten oluşan özenle seçilmiş bir koleksiyonla çileğin tatlı ve sulu dünyasını keşfetmeye davet ediyoruz.

Çilekler lezzetli bir atıştırmalıktan çok daha fazlasıdır; tatlıdan tuzluya ve aradaki her şeye kadar çok çeşitli yemeklerde kullanılabilen çok yönlü bir malzemedirler. Bu yemek kitabında, çilekli kurabiye ve çilekli pasta gibi klasik tatlılardan yenilikçi salatalara, soslara ve bu sevilen meyvenin doğal tatlılığını ve asitliğini vurgulayan lezzetli yemeklere kadar, yemeklerinize çilekleri dahil etmenin birçok yolunu sergileyeceğiz.

Bu yemek kitabındaki her tarif denenmiş ve doğrudur; çileklerle her yemek pişirdiğinizde lezzetli sonuçlar elde etmenizi sağlar. İster pişiriyor, ister harmanlıyor, ızgara yapıyor veya konserve yapıyor olun, bu sayfalarda bol miktarda ilham ve rehberlik bulacaksınız. Açık talimatlar, faydalı ipuçları ve çarpıcı fotoğraflarla "Çilekler: 100 Denenmiş ve Gerçek Tarif", tüm yıl boyunca çilek lezzetlerinin tadını çıkarmanızı kolaylaştırıyor.

Yani, ister bahçeden taze çilek topluyor olun, ister en olgun meyveler için çiftçi pazarını geziniyor olun, ister sadece yazın tadına varmak istiyor olun, bu yemek kitabının çileklerin tatlı ve sulu dünyasını tüm leziz ihtişamıyla keşfetmeniz için rehberiniz olmasına izin verin. .

KAHVALTI

1.Blender Çilekli Mochi Muffin

TALİMATLAR:
MOCHİ KEKLERİ İÇİN:
- Pişirme spreyi
- 2 yemek kaşığı nötr yağ
- ¾ bardak artı 2 yemek kaşığı süt veya sade bitki bazlı süt (soya veya yulaf)
- 2 büyük yumurta veya yaklaşık ⅓ fincan ipeksi veya yumuşak tofu
- 2 yemek kaşığı şekerli yoğunlaştırılmış süt, agav şurubu veya akçaağaç şurubu
- 1 damla kırmızı jel gıda boyası
- 6 ila 7 büyük çilek, yeşil üstleri çıkarılmış
- 1 çay kaşığı miso (kırmızı veya beyaz)
- 1 çay kaşığı kabartma tozu
- ⅓ su bardağı toz şeker
- 2 ⅓ bardak yapışkan pirinç unu (Mochiko)

İSTEĞE BAĞLI TOPLAMLAR İÇİN:
- Dondurularak kurutulmuş çilek tozu
- Şekerleme şekeri
- Yenilebilir altın
- Matcha tozu
- Kıyılmış veya dilimlenmiş çilek

TALİMATLAR:

a) Fırını ortasında bir raf olacak şekilde 350°F'ye önceden ısıtın.
b) 12'lik muffin kalıbını muffin kalıplarıyla kaplayın. Astarlara pişirme spreyi sıkın veya hafifçe yağlayın. Alternatif olarak, astarları çıkarın ve muffin tepsisinin her bir fincanını cömertçe yağlayın.
c) Yağ, süt, yumurta, yoğunlaştırılmış süt veya şurup, gıda boyası, çilek, miso, kabartma tozu, şeker ve pirinç ununu bir karıştırıcıya ekleyin ve pürüzsüz ve yapışkan hale gelinceye kadar karıştırın. İsteğe bağlı olarak hamuru birkaç dakika dinlendirin.
ç) Muffin kalıbına hamuru eşit şekilde paylaştırın. 12 muffin için yeterli olmalı. Her muffin kabı yaklaşık ¾ dolu olmalıdır.
d) Soktuğunuz kürdan veya bambu şiş temiz çıkana kadar 50 ila 55 dakika pişirin. Muffin üstlerinin pembe kalmasını sağlamak için, pişirmeye başladıktan yaklaşık 15 dakika sonra muffinleri alüminyum folyo ile kaplayın. Muffin kalıbını soğuması için tel ızgara üzerine yerleştirin. Muffinler soğudukça daha yoğun ve daha uzayabilir/esnek hale gelirler.
e) Muffinlerin üzerini dilediğiniz malzemelerle süsleyin. Üzerine doğranmış veya dilimlenmiş çilekleri eklemeyi ve şekerleme şekeri veya matcha serpmeyi seviyorum . Eğer buji hissediyorsanız , yenilebilir altın pullarla süsleyin.
f) Mochi kekleri hava geçirmez kaplarda oda sıcaklığında 2 güne kadar veya buzdolabında bir haftaya kadar saklanabilir. Ekmek kızartma makinesinde, fırında veya mikrodalgada gerektiği kadar yeniden ısıtın.

2.Çilekli Krep

TALİMATLAR:
- Krepleri kızartmak için tereyağı
- 3 büyük yumurta
- ⅔ bardak ağır krema
- 3 yemek kaşığı Dr. Atkins Bake Mix
- 4 yemek kaşığı şeker yerine
- ⅛ çay kaşığı badem özü
- ¼ çay kaşığı vanilya özü
- ½ çay kaşığı rendelenmiş portakal kabuğu rendesi

ÇİLEK DOLGUSU:
- 2 su bardağı çilek, yıkanmış, kabukları soyulmuş ve dilimlenmiş
- 6 yemek kaşığı Şeker İkiz şeker yerine

TALİMATLAR:
a) Isıtılmış tereyağı ile ağır, 8 inçlik bir tava veya Krep tavası hazırlayın. Krep malzemelerinin tamamını bir karıştırma kabında çırpın.
b) Tereyağının köpürmesi durduktan sonra Krep karışımının 1/6'sını tavaya dökün, tabanını eşit şekilde kapladığından emin olun.
c) Alt kısmı kızarana ve üst kısmı sertleşinceye kadar pişirin. Krepin ters çevrilmesi ve diğer tarafının kızarması için bir spatula kullanın. Bittiğinde kağıt havluya aktarın.
ç) Bu işlemi kalan hamur ve tereyağı ile tekrarlayın.
d) Daha sonra çilekleri şeker yerine koyarak ve her Krep'in üzerine yaklaşık 1 karışım kaşıklayarak dolgunuzu yapın.
e) Tadına göre hafifçe çırpılmış krema ekleyin ve kalan çileklerle süsleyin.

3.Çikolatalı ve Çilek Dolgulu Krep

TALİMATLAR:
- 3 çay kaşığı Kabartma Tozu
- 50 gr Pudra Şekeri
- 1 Taze Yumurta
- 200 ml Süt
- 400 gr Nutella
- 300 gr Sade Un
- 1 tutam Tuz
- Dilimlenmiş çilek (isteğe bağlı)
- 1 yemek kaşığı Ayçiçek Yağı
- 1 çay kaşığı Vanilya Özü

TALİMATLAR:

a) Bir parşömen kağıdını her biri 10 cm boyutunda 6 kareye kesin.
b) Her parşömen karenin ortasına 1-2 yemek kaşığı Nutella dökün ve 6 cm'lik bir diske yayın. Kareleri bir tepsiye yerleştirin ve en az bir saat dondurun.
c) Bu arada gözleme hamurunu hazırlayın. Tüm kuru malzemeleri bir kapta birleştirip ortasını havuz gibi açın. Ayrı bir kapta yumurta, süt ve vanilya özünü birlikte çırpın. Bu karışımı unlu karışıma dökün ve karıştırarak yedirin.
ç) Orta ateşteki tavaya biraz yağ sürün. Bir kepçe hamurdan ekleyip, üstte kabarcıklar oluşup alt kısmı altın rengi oluncaya kadar 2-3 dakika pişirin.
d) Gözlemeyi çevirin ve bir dakika daha pişirin. Daha sonra bir kat dilimlenmiş çilek ekleyin ve üzerine donmuş çikolata diskini yerleştirin.
e) Çikolata diskinin ve çileklerin üzerine biraz daha hamur dökün. Tabanı altın rengi olana kadar bir dakika daha pişirin, ardından çevirin ve diğer tarafını da pişirin.
f) Tüm hamur kullanılıncaya kadar bu işlemi tekrarlayın.
g) Krepleri sıcak olarak, isteğe bağlı olarak taze çırpılmış kremayla servis edin.

4. Hindistan Cevizli Çilek Fırında Yulaf

TALİMATLAR:
- ⅓ bardak badem sütü
- 1 su bardağı yulaf ezmesi
- 1 orta boy olgunlaşmış muz
- 1 büyük yumurta
- 1 yemek kaşığı eritilmiş tereyağı veya hindistancevizi yağı
- ½ çay kaşığı hindistan cevizi özü
- ¼ bardak doğranmış çilek
- ¼ bardak kıyılmış hindistan cevizi

TALİMATLAR:
a) Fırınınızı 375 Fahrenheit dereceye kadar önceden ısıtarak başlayın. Yapışmaz pişirme spreyi ile iki adet 10 onsluk ramekini yağlayın.
b) Yüksek hızlı bir karıştırıcıda badem sütü, vanilya özü, akçaağaç şurubu, yulaf, muz, yumurta, eritilmiş tereyağı, kabartma tozu, tuz ve hindistan cevizi özünü birleştirin. Her şey iyi bir şekilde birleşene ve yulaflar ince bir şekilde öğütülene kadar yüksek hızda karıştırın. Bu genellikle yaklaşık 10 ila 15 saniye sürer.
c) Harmanlanan karışımı hazırlanan ramekinlere eşit olarak paylaştırın.
ç) Karıştırdıktan sonra doğranmış çilekleri ve rendelenmiş hindistan cevizini ekleyin. Bunları karışımın her tarafına eşit şekilde dağıttığınızdan emin olun.
d) Ramekinleri önceden ısıtılmış fırına yerleştirin ve yulafların üst orta kısmı pişene kadar pişirin. Pişirme süresi yaklaşık 23 ila 30 dakikadır. Süreyi ramekinlerinizin boyutuna ve şekline göre ayarlayın.
e) Hindistan Cevizli Çilekli Fırında Yulafın servis yapmadan önce hafifçe soğumasını bekleyin. Bu, yulafın sabitlenmesine yardımcı olur ve genel dokuyu geliştirir.
f) Soğuduktan sonra, lezzetli ve besleyici bir kahvaltı veya atıştırmalık için Hindistan Cevizli Çilek Fırında Yulaf'ı servis edin. Hindistan cevizi özü, taze çilek ve kıyılmış hindistan cevizinin birleşimi, klasik pişmiş yulaflara tropikal ve tatmin edici bir lezzet katıyor.

5. Banoffee Waffle

TALİMATLAR:
- 2 Muz
- 25 gr tuzsuz tereyağı
- 30 gr esmer şeker
- 2 Belçika waffle'ı
- 1 kaşık Banoffee Crunch dondurma
- 1 kaşık şekerli şekerleme dondurma
- 15 gr krem şanti
- 20g tatlı tatlı
- 15 gr çikolata sosu
- 2 Cadbury barı
- 3 Taze çilek

TALİMATLAR:

MUZ:
a) Muzları soyun ve dilimleyin.
b) Bir tavada tuzsuz tereyağını orta ateşte eritin.
c) Eriyen tereyağına esmer şekeri ekleyin ve şeker eriyene kadar karıştırın.
ç) Muz dilimlerini tavaya ekleyin ve ara sıra çevirerek karamelize olana kadar pişirin. Bu yaklaşık 3-5 dakika sürmelidir. Bir kenara koyun.

GOFRETLER:
d) Belçika waffle'larını paket talimatlarına göre veya altın kahverengi ve gevrek oluncaya kadar kızartın.
e) Kızarmış waffle'lardan birini servis tabağına yerleştirin.
f) Waffle'ın üzerine bir kat karamelize muz sürün.
g) Karamelize edilmiş muzların üzerine bir kepçe Banoffee çıtır dondurma ve bir kepçe şekerlemeli dondurma koyun.
ğ) Dondurmanın üzerine çırpılmış kremayı dökün.
h) Krem şantinin üzerine dulce de leche ve çikolata sosunu gezdirin .
ı) Cadbury barlarını küçük parçalara bölün ve waffle'ın üzerine serpin.

ÇİLEKLER:
i) Taze çilekleri yıkayıp dilimleyin.
j) Çilek dilimlerini waffle'ın üzerine dizin.
k) Banoffee Waffle'ı, waffle hala sıcakken ve dondurma biraz erimişken hemen servis edin .

6.Çilekli Mürver Çiçeği Krep

TALİMATLAR:
gözleme hamuru:
- 250 ml süt
- 1 organik yumurta
- 1 yemek kaşığı mürver çiçeği şurubu
- 100 gr un

MÜŞİR ÇİÇEĞİ ŞURUBU İLE TEREYAĞI SOSU:
- 50 gr tereyağı
- 70 ml mürver çiçeği şurubu
- 100 gr çilek

TALİMATLAR:

a) Krep için hamuru hazırlayarak başlayın. Unu bir kaseye eleyin, ardından yumurtayı, mürver çiçeği şurubunu ve sütü ekleyin. Pürüzsüz, topaksız bir hamur elde edene kadar karıştırın.

b) Tavayı orta ateşte ısıtın ve hafifçe yağla yağlayın. İnce krepleri gruplar halinde pişirin ve ardından üçgen şeklinde katlayın.

c) Başka bir tavada orta ateşte tereyağını eritin. Mürver çiçeği şurubunu ekleyin ve birleştirmek için karıştırın. Katlanmış krep üçgenlerini tavaya ekleyin. Enfes sosla ıslanmalarına izin verin ve sonra çevirin. Onları ısıtın ve servis yapmaya hazırsınız.

ç) Krepleri hemen tabaklara koyun ve üzerine taze çilek ekleyin. Ekstra bir tatlılık dokunuşu için üzerine pudra şekeri serpin veya bir kepçe vanilyalı dondurmayla eşleştirin.

d) Bu ağız sulandıran gözleme yemeğinin tadını çıkarın ve lezzetlerin uyumlu karışımının tadını çıkarın!

7.Çilekli Cheesecake Fırında Yulaf

TALİMATLAR:
- ⅓ su bardağı yulaf ezmesi
- ¼ bardak taze veya dondurulmuş çilek
- ¼ bardak tercih edilen süt (yulaf sütü veya hindistancevizi sütü önerilir)
- ½ yemek kaşığı akçaağaç şurubu
- ⅛ çay kaşığı tuz
- ½ çay kaşığı kabartma tozu
- ½ yemek kaşığı krem peynir (vegan versiyonu için süt içermeyen kullanın)
- ¼ çay kaşığı vanilya özü

TALİMATLAR:
a) Fırını önceden 355°F/180°C'ye ısıtın.
b) Bir mutfak robotunda yulafları un kıvamına gelinceye kadar karıştırın. Yulaf unu kullanıyorsanız bu adımı atlayın.
c) Geriye kalan tüm malzemeleri (krem peynir hariç) mutfak robotuna ekleyin. Pürüzsüz ve iyice birleşene kadar işlem yapın. İsterseniz tatlandırıcıyı tadın ve ayarlayın.
ç) Çilekli yulaf ezmesini ısıya dayanıklı bir kaseye veya ramekine dökün. Krem peynirini ortasına kaşıkla dökün ve yulaf ezmesinin ortasında gizlenecek şekilde hafifçe bastırın.
d) 355°F/180°C'de yaklaşık 15 dakika pişirin. Yulaf ezmesinin biraz yapışkan olması sorun değil. Daha kuru bir doku için pişirme süresini 2-3 dakika uzatabilirsiniz.
e) Yulaf ezmesini hemen servis edin veya üzerine daha fazla dilimlenmiş çilek ve isteğe bağlı olarak bir parça hindistan cevizi kreması veya bir çiseleyen beyaz çikolata ekleyin.

8.Kiraz Dolgulu Kraker Kruvasan

TALİMATLAR:
- 2 taze kraker kruvasan
- 6 yemek kaşığı lor peyniri veya krem peynir
- 3 yemek kaşığı akçaağaç şurubu veya bal
- 1 çay kaşığı limon suyu
- ½ çay kaşığı vanilya özü
- 1 su bardağı taze çilek
- ½ bardak taze kiraz

TALİMATLAR:

a) Çilekleri yıkayıp yeşil kısımlarını çıkarın. Onları dilimler halinde kesin. Kirazları yıkayın, ikiye bölün ve çekirdeklerini çıkarın. Çilekleri ve kirazları bir kasede 1 yemek kaşığı akçaağaç şurubu ve limon suyuyla karıştırın.

b) Ayrı bir kapta lor peynirini 1 yemek kaşığı akçaağaç şurubu ve vanilya özüyle karıştırın. Daha kremamsı bir kıvam için istenirse karışıma 1-2 yemek kaşığı su ilave edilebilir.

c) Kraker kruvasanlarını yatay olarak ikiye bölün. Her kruvasanın alt yarısına 3 yemek kaşığı vanilyalı quark karışımını yayın.

ç) Quark karışımını karışık meyvelerle doldurun ve bunları kruvasan yarımlarına eşit şekilde dağıtın.

d) Meyveleri kruvasanın üst kısmıyla kaplayın ve lezzetli dolgulu çubuk kraker kruvasan yaratın.

e) İsterseniz ekstra tatlılık için kruvasanın üst yarısına biraz akçaağaç şurubu veya bal gezdirin.

f) Yazın lezzetlerini sabah rutininize taşıyan enfes bir kahvaltı için hemen servis yapın ve bu enfes Çilek ve Vişne Dolgulu Pretzel Kruvasanın tadını çıkarın.

9.Çilekli Rosé Krep

TALİMATLAR:
- 1 ½ su bardağı doğranmış çilek
- 1-2 yemek kaşığı şeker (meyvelerinizin tatlılığına göre)
- 2 su bardağı tam buğdaylı hamur işi veya çok amaçlı un
- 3 yemek kaşığı öğütülmüş keten tohumu
- 1 yemek kaşığı şeker
- 1 yemek kaşığı kabartma tozu
- ¼ çay kaşığı tuz
- 1 bardak Roze
- 1 bardak badem veya diğer süt içermeyen süt
- ½ çay kaşığı vanilya özü
- 1 çay kaşığı gül suyu

TALİMATLAR:

a) Küçük bir kapta doğranmış çilekleri şekerle karıştırın ve biraz tatlı meyve suyu salması için bir kenara koyun.

b) Büyük bir kapta un, öğütülmüş keten tohumu, şeker, kabartma tozu ve tuzu birleştirin. Kuru malzemeleri iyice karışıncaya kadar çırpın.

c) ¼ bardağa kadar tatlı çilek suyunu alın ve Rosé ile karıştırın.

ç) Kuru malzemelerin ortasında bir havuz oluşturun ve badem sütü, çilekli Rosé, vanilya özü ve gül suyunu dökün. Karışımı topakların çoğu kaybolana kadar çırpın.

d) ¾ bardak doğranmış çileği yavaşça hamura karıştırın.

e) Bir tavayı veya ızgarayı orta ateşte ısıtın. Hazır olup olmadığını kontrol etmek için üzerine biraz su serpin ve cızırdadığında hazırsınız.

f) Her gözleme için yaklaşık ⅓ bardak hamuru tavaya dökün. Kenarları hafif kahverengi olana ve yüzeyde çok sayıda hava kabarcığı çıkana kadar pişirin. Daha sonra çevirin ve bir dakika daha pişirin.

g) Krepleri kalan doğranmış çilekler, akçaağaç şurubu ve geri kalan Rosé ile servis edin.

10. Gül Şurubu, Çilek ve Crème Fraîche ile Waffle

TALİMATLAR:
- 10 Büyük Çilek
- 1 yemek kaşığı gül suyu
- 4 yemek kaşığı Crème Fraîche
- 150g (6 ons) Sade (Çok Amaçlı) Un
- ½ yemek kaşığı Kabartma Tozu
- ¼ çay kaşığı karbonat (kabartma tozu)
- 1 yemek kaşığı Altın Pudra (Granül) Şeker
- Bir tutam tuz
- 200ml (7 fl ons) Ayran
- 1 büyük yumurta
- 50g (3 yemek kaşığı) Eritilmiş Tuzsuz Tereyağı
- Sprey şişesinde yağ

TALİMATLAR:
a) Çileklerin çekirdeklerini çıkarıp dilimleyin. Küçük bir kapta bunları gül likörüyle birleştirin ve bir kenara koyun.
b) Waffle demirinizi önceden ısıtın. O ısınırken waffle hamurunu hazırlayın.
c) Bir kapta un, kabartma tozu, bikarbonat, şeker ve tuzu birleştirin. Başka bir kapta ayran, yumurta ve eritilmiş tereyağını karıştırın. Sıvı karışımı yavaş yavaş un karışımına çırpın.
ç) Waffle demirinin her plakasına hafifçe yağ püskürtün. Waffle'ları gruplar halinde pişirin ve gruplar arasında biraz daha fazla yağ püskürtün.
d) Pişen waffle'ları iki sıcak tabak arasında paylaştırın. Çilek kasesinin dibine kremayı, hazırlanan çilekleri ve gül ve çilek suyunu kaşıkla dökün .

11.Çilekli Akçaağaç Çörekler

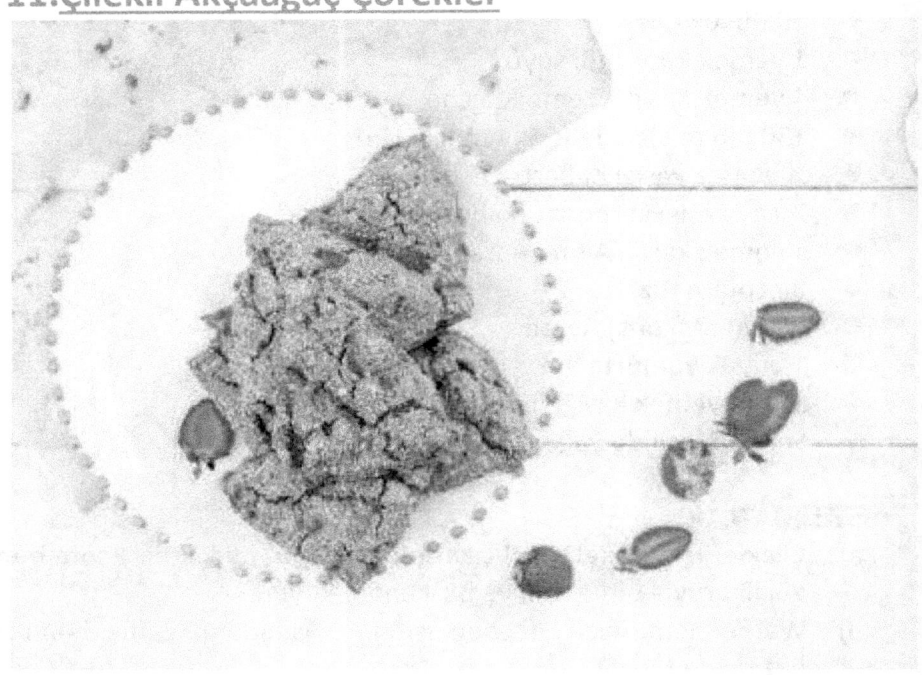

TALİMATLAR:
- 2 su bardağı yulaf unu.
- ⅓ bardak badem sütü.
- 1 bardak çilek.
- Bir avuç kurutulmuş kuş üzümü.
- 5 Yemek kaşığı Hindistan cevizi yağı.
- 5 yemek kaşığı akçaağaç şurubu.
- 1 yemek kaşığı kabartma tozu.
- 1 ½ çay kaşığı vanilya özü.
- 1 çay kaşığı tarçın.
- ½ çay kaşığı kakule (isteğe bağlı).
- Tuz serpin.

TALİMATLAR:

a) Hindistan cevizi yağını yulaf ununa ekleyin ve ufalanan bir hamur oluşana kadar çatalla karıştırın.

b) Soğuduktan hemen sonra çilek parçalarını ve kuş üzümlerini ekleyin, ardından tüm ıslak Malzemeleri yavaş yavaş ekleyin .

c) Parşömen kağıdıyla kaplı bir fırın tepsisine hamurdan bir daire oluşturun - yaklaşık 1 inç kalınlığında olmalıdır.

ç) Sekiz üçgen parçaya böldükten sonra 15-17 dakika pişirin.

d) Özel bir ikram için reçel, bal veya fındık ezmesi ile servis yapın!

12.Çilekli Krem Peynirli Brioche Örgüsü

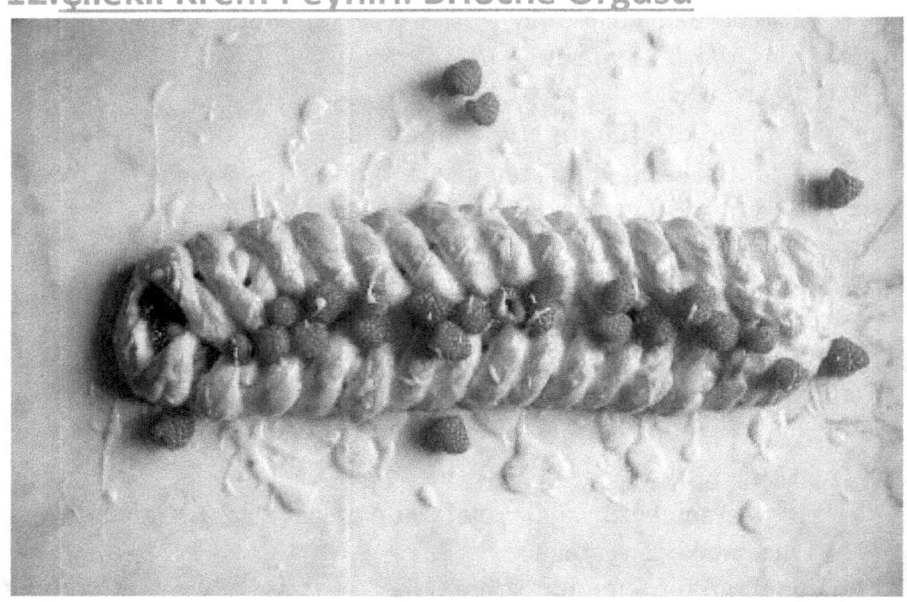

TALİMATLAR:
- 4 su bardağı ekmek unu
- ⅓ su bardağı şeker
- 1 çay kaşığı tuz
- 1 paket ınstant maya
- 1 bardak ılık süt
- 3 büyük yumurta
- ½ bardak tuzsuz tereyağı, eritilmiş
- 1 su bardağı taze çilek, dilimlenmiş
- 4 ons krem peynir, yumuşatılmış
- ¼ su bardağı pudra şekeri

TALİMATLAR:
a) Mayayı ılık sütte eritip 5 dakika bekletin.
b) Un, şeker ve tuzu birleştirin. Maya karışımını, yumurtaları ve eritilmiş tereyağını ekleyin. Pürüzsüz olana kadar yoğurun.
c) Hamuru açın, bir kat krem peynir sürün ve üzerine dilimlenmiş çilekleri yerleştirin.
ç) Hamuru dolgunun üzerine katlayarak bir örgü oluşturun.
d) Yükselmeye bırakın, ardından 350°F (175°C) sıcaklıkta 25-30 dakika pişirin.

13.Çilek Dolması İngiliz Çöreği

TALİMATLAR:
- 2 yemek kaşığı çilek reçeli
- 1 yemek kaşığı yağı azaltılmış krem peynir
- 1 yumurta
- 1 yumurta beyazı
- 1 çay kaşığı vanilya özü
- 2 çay kaşığı akçaağaç şurubu
- 1 yemek kaşığı şekersiz badem sütü
- Bir tutam tuz
- 2 glutensiz İngiliz çöreği
- Süslemeler: pudra şekeri, saf akçaağaç şurubu, taze çilek

TALİMATLAR:
a) Küçük bir kapta çilek reçeli ve yağı azaltılmış krem peyniri iyice karışana kadar birleştirin.
b) Ayrı, daha geniş bir kapta yumurtayı, yumurta beyazını, vanilya özütünü, akçaağaç şurubunu, badem sütünü ve bir tutam tuzu birlikte çırpın.
c) Her bir İngiliz çöreğinin yan tarafında küçük bir bıçak kullanarak bir yarık açın, diğer tarafı kesmemeye dikkat edin. Bu yarık muffinleri doldurmanıza olanak sağlayacaktır. Çilek ve krem peynir dolgusunu iki muffin arasında eşit şekilde paylaştırın ve dikkatlice kaşıkla yarıklara dökün.
ç) Doldurulmuş İngiliz keklerini yumurta hamurunun içine yerleştirin ve birkaç dakika bekletin. Her iki tarafın da eşit şekilde ıslanmasını sağlamak için bunları çevirin.
d) Tavayı orta-düşük ateşte biraz yapışmaz spreyle ısıtın. Isıtıldıktan sonra, ıslatılmış ve doldurulmuş İngiliz keklerini ilk tarafı pişirmek için tavaya ekleyin. Kapağını kapatıp yanmamasına dikkat ederek yaklaşık 2-3 dakika pişirin. Çevirip tekrar kapatın ve ikinci tarafını da pişirin.
e) Üzerine pudra şekeri, biraz şurup ve taze çilek serperek hemen servis yapın. Eğlence!

14.Çilek ve Kiraz Dolgulu Kraker Kruvasan

TALİMATLAR:
- 2 taze kraker kruvasan
- 6 yemek kaşığı lor peyniri veya krem peynir
- 3 yemek kaşığı akçaağaç şurubu veya bal
- 1 çay kaşığı limon suyu
- 1/2 çay kaşığı vanilya özü
- 1 su bardağı taze çilek
- 1/2 su bardağı taze kiraz

TALİMATLAR:

g) Çilekleri yıkayıp yeşil kısımlarını çıkarın. Onları dilimler halinde kesin. Kirazları yıkayın, ikiye bölün ve çekirdeklerini çıkarın. Çilekleri ve kirazları bir kasede 1 yemek kaşığı akçaağaç şurubu ve limon suyuyla karıştırın.

ğ) Ayrı bir kapta lor peynirini 1 yemek kaşığı akçaağaç şurubu ve vanilya özüyle karıştırın. Daha kremamsı bir kıvam için istenirse karışıma 1-2 yemek kaşığı su ilave edilebilir.

h) Kraker kruvasanlarını yatay olarak ikiye bölün. Her kruvasanın alt yarısına 3 yemek kaşığı vanilyalı quark karışımını yayın.

ı) Quark karışımını karışık meyvelerle doldurun ve bunları kruvasan yarımlarına eşit şekilde dağıtın.

i) Meyveleri kruvasanın üst kısmıyla kaplayın ve lezzetli dolgulu çubuk kraker kruvasan yaratın.

j) İsterseniz ekstra tatlılık için kruvasanın üst yarısına biraz akçaağaç şurubu veya bal gezdirin.

k) Yazın lezzetlerini sabah rutininize taşıyan enfes bir kahvaltı için hemen servis yapın ve bu enfes Çilek ve Vişne Dolgulu Pretzel Kruvasanın tadını çıkarın.

ATIŞTIRMALIKLAR VE MEZELER

15.Çilekli Pirinç Krispie Oreo İkramları

TALİMATLAR:

- 4 su bardağı Pirinç Krispies Gevreği
- 3 su bardağı mini marshmallow
- ¼ bardak demlenmiş tereyağı
- 1 kutu Çilekli Jell-o
- 2 su bardağı Kıyılmış Altın Oreo

TALİMATLAR:

a) 8x8 kare bir tavayı folyo ile kaplayın ve pişirme spreyini hafifçe püskürtün. Bir kenara koyun.
b) 3 litrelik bir tavada, esrarla doldurulmuş tereyağını ve marshmallow'ları orta ateşte eritin.
c) Jell-O karışımını karıştırın.
ç) Harmanlanana kadar karıştırın, ardından Pirinç Krispies'i ve Altın Oreo'ları ekleyin.
d) Karışımı hazırlanan tavaya bastırın.
e) Çubuklara kesip servis yapmadan önce en az 2 saat soğumaya bırakın.

16.Çilekli Cheesecake Pirinç Krispies

TALİMATLAR:
PİRİNÇ KRISPIE KABUK:
- 4 su bardağı Pirinç Krispies Gevreği
- 3 yemek kaşığı Tereyağı (tuzlu veya tuzsuz)
- 10 ons Mini marshmallow (yaklaşık 1 torba)
- Pişirme Spreyi

PEYNİRLİ KEK DOLGUSU:
- 16 ons Krem Peynir, yumuşatılmış (2 paket)
- 1 su bardağı şekerleme şekeri
- 1 çay kaşığı Vanilya özü
- 1 bardak çırpılmış tepesi (Cool Whip gibi)
- 1 paket Aromasız jelatin (¼ ons)
- ¼ bardak Su

ÇİLEK TOPLAM:
- 1 pound Çilek, kabaca doğranmış
- ¼ su bardağı toz şeker

TALİMATLAR:
PİRİNÇ KRISPIE KABUK:
a) Büyük bir tencerede, kısık ateşte tereyağını eritin. Marshmallowları tamamen eriyene kadar karıştırın.
b) Pirinç Krispie Tahılını ekleyin ve eşit şekilde kaplanana kadar karıştırın.
c) Derin bir 9×13 tavaya pişirme spreyi püskürtün. Yağlı kağıt veya tereyağlı bir spatula kullanarak karışımı eşit şekilde tavaya bastırın. Kalınlığı istediğiniz gibi ayarlayın. Tatlının geri kalanını hazırlarken buzdolabında soğumaya bırakın.

ÇİLEK SOSU:
ç) Dilimlenmiş çilekleri, şekeri ve isteğe bağlı portakal kabuğu rendesini küçük bir kasede iyice kaplanıncaya kadar karıştırın.
d) Çilekler suyunu salıp şeker eriyene kadar ara sıra karıştırarak yaklaşık 30 dakika bekletin. Birkaç çileği tahta kaşıkla ezin. Daha fazla şuruba ihtiyaç duyulursa su ekleyin.

PEYNİRLİ KEK DOLGUSU:
e) Küçük bir kapta jelatini suyun üzerine serpin. 3-5 dakika bekletin, ardından mikrodalgada 20-30 saniye çözünene kadar bekletin. Soğuması için bir kenara koyun.
f) Stand mikserinde krem peyniri ve elenmiş pudra şekerini birleştirin. Kabarıncaya kadar karıştırın.
g) Çırpma aparatına geçin, çırpılmış malzemeyi ekleyin ve yumuşak tepeler oluşuncaya kadar çırpın.
ğ) Jelatin jelleşmişse, mikrodalgada kısa süre ısıtın ve dolguya karıştırın.
h) Sert zirveler oluşuncaya kadar çırpmaya devam edin.
ı) Cheesecake dolgusunu soğutulmuş Rice Krispie Treats'ın üzerine kaşıkla dökün ve eşit şekilde dağıtın. Bir saat veya gece boyunca buzdolabında bekletin.
i) Servis yapmadan hemen önce, çilekli dolguyu cheesecake katmanının üzerine kaşıkla veya dökün veya tek tek dilimler üzerine servis edin.

17.Çilek Reçeli Dolgulu Pop Tart

TALİMATLAR:
- 2 yaprak çözülmüş puf böreği
- 6 yemek kaşığı çilek reçeli

YUMURTA YIKAMA:
- 1 büyük yumurta
- 1 yemek kaşığı süt

SÜSLEME:
- Kaba Şeker (isteğe bağlı)

TALİMATLAR:
a) Fırını önceden 400F'ye ısıtın. Bir fırın tepsisini parşömen kağıdıyla hizalayın; bir kenara koyun.
b) Her hamur tabakasını 6 eşit dikdörtgene bölün, toplamda 12 dikdörtgen elde edin.
c) Altı adet dikdörtgen milföy hamurunun üzerine bir yemek kaşığı kadar çilek reçeli sürün.
ç) Kalan altı dikdörtgende şekiller ve karmaşık tasarımlar oluşturmak için kurabiye kalıplarını kullanın.
d) Kesilmiş milföy hamurlarını reçelli olanların üzerine yerleştirin. Kenarlarını dört taraftan çatalla kapatın.
e) Yumurtayı yıkamak için küçük bir kapta yumurtayı ve sütü birleştirin. Pop tartların üzerine fırçayla sürün.
f) İsteğe göre üzerine iri şeker serpebilirsiniz.
g) Pop tartları fırın tepsisine yerleştirin ve üstleri altın kahverengiye dönene kadar yaklaşık 20 dakika pişirin.
ğ) Servis yapmadan önce pop tartların soğumasını bekleyin. Başlangıçta şişeceklerini ancak soğudukça söneceklerini unutmayın.
h) Bu enfes çilek reçelli tartları kahvaltıda veya şahane bir atıştırmalık olarak servis edin.

18.Krem Peynirli Çilekli Pop Tart

TALİMATLAR:
HAMUR İŞİ:
- 250 gr glutensiz un karışımı
- 100 gr soğuk tuzsuz tereyağı
- 140 gr soğuk laktoz içermeyen ekşi krema
- ¼ çay kaşığı kabartma tozu
- 1 ila 2 yemek kaşığı buz gibi soğuk su
- ½ çay kaşığı tuz
- 1 yemek kaşığı şeker (tatlı hamur işleri için isteğe bağlı)

DOLGU İÇİN:
- 100 gr laktozsuz krem peynir

ÇİLEK REÇELİ:
- 450 gr taze veya dondurulmuş çilek
- 150 ml Akçaağaç Şurubu (veya şeker)
- 3 yemek kaşığı Limon Suyu
- 1 çay kaşığı limon kabuğu rendesi
- 1 çay kaşığı saf vanilya özü
- 1 çay kaşığı mısır nişastası
- 3 yemek kaşığı su (mısır nişastasını eritmek için)

YUMURTA YIKAMA:
- 1 yumurta
- 2 yemek kaşığı laktozsuz süt veya krema

BUZLANMA İÇİN:
- 100 gr krem peynir
- 50 gr çilek reçeli

TALİMATLAR:
BÖREK YAPMAK İÇİN:
a) Tereyağını küpler halinde kesin.
b) Bir kapta un, kabartma tozu, tuz ve şekeri (eğer kullanıyorsanız) karıştırın.
c) Tereyağı küplerini ekleyin ve unu tereyağına ekleyin. Her bir parça tereyağını başparmağınız ve işaret parmağınız arasında düzleştirin.
ç) Ekşi krema ekleyin ve kuru malzemeleri nemlendirmek için karıştırın. Gerekiyorsa sadece buzlu su ekleyerek hamuru yoğurun.
d) Hamuru bir plastik örtü üzerine yerleştirin, bir diske bastırın ve 30 dakika buzdolabında saklayın.

ÇİLEK REÇELİNİN YAPILMASI:
e) Bir tencerede çilek, akçaağaç şurubu, vanilya özü, limon suyu ve limon kabuğu rendesini birleştirin.
f) Orta ateşte sık sık karıştırarak ve çilekleri ezerek pişirin.
g) 5 dakika sonra mısır nişastasını suyla karıştırıp tencereye ekleyin. Yayılma kalınlaşana kadar karıştırmaya devam edin.
ğ) Ateşten alıp 5 dakika soğumaya bırakın.

POP TARTLARI YAPMAK İÇİN:
h) Çalışma yüzeyinizi unla tozlayın. Hamuru 9x12 inçlik bir dikdörtgene yuvarlayın.
ı) İstenilen pop tart şekillerini kesin veya bir kurabiye kesici kullanın. Yumurtayı bir tarafa fırçalayın.
i) Ortasına 1 tatlı kaşığı laktozsuz krem peynir ve 1 tatlı kaşığı çilek reçeli koyun.
j) Üstüne ikinci bir kesik şekli dikkatlice yerleştirin, kenarları bastırarak kapatın ve bir çatalla kıvırın.
k) Kalan kesilen şekillerle tekrarlayın ve bunları parşömen kaplı bir fırın tepsisine yerleştirin.
l) Havalandırma için her bir hamur işinin üstüne delikler açmak için bir çubuk kullanın. 15 dakika soğutun.
m) Fırını önceden 200°C'ye (400°F) ısıtın, ardından her bir pop tartın üstünü kalan yumurta akı ile fırçalayın.
n) Altın kahverengi olana kadar yaklaşık 20 dakika pişirin. Buharı çıkarmak ve düzleştirmek için yavaşça aşağı doğru bastırın. Tamamen soğumaya bırakın.

BUZLAMAYI YAPMAK İÇİN:
o) Krem peyniri çilek reçeli ile karıştırın.
ö) Pop tartın üzerine 1 çay kaşığı krema sürün ve bir kaşık kullanarak yavaşça dağıtın.
p) Üzerine serpin ve kalan pop tartlarla tekrarlayın.

19.Çilekli Süzme Peynir Barları

TALİMATLAR:

- 16 ons karton süzme peynir
- 2 yemek kaşığı un
- ¾ bardak şeker
- 2 yumurta, iyice çırpılmış
- Rendelenmiş limon kabuğu
- 2 yemek kaşığı limon suyu
- ¼ bardak ağır krema
- Bir tutam tuz
- 2 çay kaşığı vanilya
- ½ çay kaşığı hindistan cevizi
- ½ bardak altın kuru üzüm
- ½ su bardağı kıyılmış ceviz
- 1 bardak taze çilek, kabuğu soyulmuş ve dilimlenmiş, ayrıca süslemek için daha fazlası
- Süslemek için nane yaprakları

TALİMATLAR:
a) Fırınınızı önceden 350°F (175°C) ısıtın.
b) Pişirme spreyi veya tereyağı ile yağlayarak bir pişirme kabı hazırlayın.

DOLGUYU HAZIRLAYIN:
c) Büyük bir kapta süzme peynir, un, şeker, limon kabuğu, limon suyu, krema, tuz, vanilya, hindistan cevizi ve altın kuru üzümleri birleştirin.
ç) Tüm malzemeler iyice birleşene kadar karıştırın.
d) Dilimlenmiş taze çilekleri yavaşça karışıma katlayın. Çilekler barlara meyvemsi bir tat katacaktır.

PİŞMEK:
e) Karışımı hazırlanan pişirme kabına dökün ve eşit şekilde dağıtın.
f) Üzerine kıyılmış fındıkları serpin.
g) Yaklaşık 45 dakika veya çubuklar sertleşene kadar pişirin.
ğ) Pişirme işlemi tamamlandıktan sonra, daha fazla lezzet katmak için üstüne biraz daha hindistan cevizi serpebilirsiniz.
h) Birkaç taze çilek ve nane yaprağıyla süsleyin.
ı) Kesmeden önce soğutun.

20.Çilekli Mango Kremalı Puflar

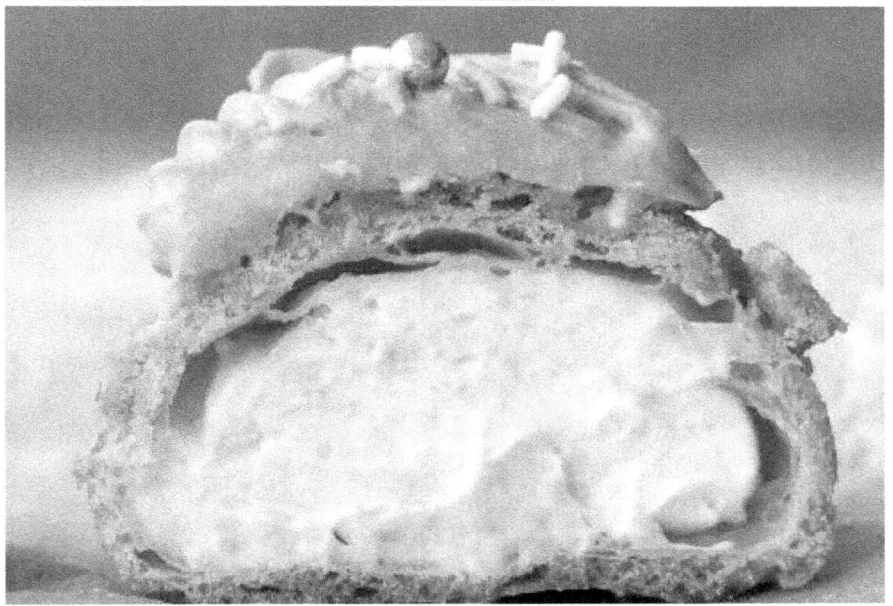

TALİMATLAR:

ÇİLEKLİ GANAŞ İÇİN:
- 175g çilek ilham çikolatası
- 350 gr ağır krema

CRAQUELIN TOPLANTISI İÇİN:
- 42 gr tuzsuz tereyağı, oda sıcaklığında
- 50 gr açık kahverengi şeker
- 50g çok amaçlı un

CHOUX BÖREĞİ İÇİN:
- 75g su
- 75g süt
- 70 gr tuzsuz tereyağı, küp
- 1 çay kaşığı toz şeker
- ½ çay kaşığı koşer tuzu
- 100 gr çok amaçlı un, elenmiş
- 150g yumurta (yaklaşık 3 büyük), oda sıcaklığında ve birleştirmek için hafifçe dövülmüş

MANGO KREMİ İÇİN:
- 50g dondurularak kurutulmuş mango
- 50 gr toz şeker
- 78g krem peynir, soğuk ve küp şeklinde
- Bir tutam koşer tuzu
- 300g ağır krema, soğuk

BİTİRMEK İÇİN:
- Serpintiler, dondurularak kurutulmuş meyve parçacıkları, taze meyve dilimleri (isteğe bağlı)

TALİMATLAR:
ÇİLEKLİ GANAŞ İÇİN:
a) Çilek ilham çikolatasını ince ince doğrayın ve ısıya dayanıklı bir kaseye yerleştirin.
b) Orta ateşte küçük bir tencerede kremayı buharlaşana kadar ısıtın. Ateşten alın ve doğranmış çikolatanın üzerine dökün.
c) 1 dakika kadar bekletin, ardından birleşene kadar yavaşça çırpın. Oda sıcaklığına soğutun, plastik bir tabakayı yüzeye bastırın ve tamamen soğuyuncaya kadar en az 4 saat ve en fazla 5 gün buzdolabında saklayın.

CRAQUELIN TOPLANTISI İÇİN:
ç) Küçük bir kapta yumuşatılmış tereyağını ve esmer şekeri pürüzsüz hale gelinceye kadar çırpın.
d) Unu ekleyin ve hamur oluşana kadar karıştırın. Hamuru bir parça parşömen kağıdına kazıyın.
e) Üstüne başka bir parça parşömen kağıdı yerleştirin ve hamuru yaklaşık 1/16 "kalınlığa kadar yuvarlayın. Choux'u hazırlarken dondurun. (Craquelin 1 aya kadar önceden yapılabilir; kullanıma hazır olana kadar dondurun, iyice sarın - buzunun çözülmesine gerek yoktur.)

CHOUX BÖREĞİ İÇİN:
f) Fırını ortada bir raf olacak şekilde 425°F'ye önceden ısıtın ve büyük bir fırın tepsisini parşömen kağıdıyla hizalayın.
g) Orta boy bir tencerede su, süt, tereyağı, şeker ve tuzu birleştirin. Ara sıra karıştırarak, orta ateşte güçlü bir kaynamaya getirin.
ğ) Karışım kaynayınca tencereyi ocaktan alın ve unu bir kerede ekleyin. Un tamamen karışıncaya kadar tahta kaşık veya spatula ile kuvvetlice karıştırın.
h) Tencereyi tekrar kısık ateşe alın ve sürekli karıştırarak karışımın kurumasına yardımcı olmak için 2 dakika pişirin. Kürek ataşmanı ile donatılmış bir stand mikserinin kasesine aktarın.
ı) Buharı serbest bırakmak için orta hızda 1-2 dakika karıştırın. Hamur, anında okunan termometrede 170-175°F'yi kaydetmeli ve yeterince sert olmalıdır.
i) Mikserin düşük ayarındayken, çırpılmış yumurtaları yavaşça akıtın. Hamur kıvam testini geçene kadar orta hızda 4 dakika karıştırın.

MANGO KREMİ İÇİN:
j) Bir mutfak robotunun kasesinde dondurularak kurutulmuş mango ve şekeri birleştirin. Mango ince bir toz haline gelinceye kadar nabız atın.
k) Krem peyniri ve tuzu ekleyin ve birleştirmek için nabız atın.
l) Soğuk kremayı ekleyin ve karışım çok koyu yoğurt kıvamına gelinceye kadar işlem yapın.

BİTİRMEK İÇİN:
m) Her kremalı pufun dibine bir delik açmak için bir çubuk kullanın.
n) Mango kremasını tutan sıkma torbasının ucunu kesin. Ucu deliğe sokun ve puf ağırlaşana kadar mango kremasını sıkın.
o) Üzerine çırpılmış çilekli ganajdan bir girdap sıkın. Serpintilerle, dondurularak kurutulmuş meyve parçalarıyla veya taze meyve dilimleriyle süsleyin.
ö) Hemen keyfini çıkarın veya buzdolabında saklayın ve montajdan sonraki 4 saat içinde keyfini çıkarın.

21.Çilekli Cruffinler

TALİMATLAR:
- 1 yemek kaşığı yumuşak tereyağı
- ½ çay kaşığı öğütülmüş tarçın
- 6 çay kaşığı toz şeker
- 1 paket kruvasan hamuru (soğuk bölümde bulabilirsiniz)
- 2 yemek kaşığı hazır muhallebi
- 125 gr çilek, kabuğu soyulmuş ve çok ince dilimlenmiş
- Toz almak için pudra şekeri

TALİMATLAR:

a) Büyük bir muffin kalıbının 6 deliğini cömertçe yağlayın, ardından tarçının yarısını şekerle karıştırın. Her muffin deliğine birer çay kaşığı tarçın şekeri koyun ve içini kaplayacak şekilde yuvarlayın. Fırını önceden 200°C'ye ısıtın (180°C fanlı veya gaz işareti 6).

b) Kruvasan hamurunu dikkatli bir şekilde açın ve 3 dikdörtgen hamur halinde kesin, böylece 2 kruvasan üçgeni birbirine yapışmış halde 3 dikdörtgen oluşturacaktır. Her birini uzunlamasına ikiye bölün, böylece 6 daha ince şerit kalacak.

c) Her seferinde bir kek yaparak hamurun üzerine ince bir tabaka muhallebi sürün ve size en yakın kenar boyunca 1 cm genişliğinde boş bir kenar bırakın.

ç) Muhallebinin üzerine çilekleri noktalayın ve bazı uçların hamurun üst kenarının üzerine çıkmasını sağlayın. Bir tutam daha öğütülmüş tarçın serpin, ardından kruvasan hamurunu kısa kenarlardan birinden yukarı doğru yuvarlayın ve hamurun kenarlarını bir tabana yapıştıracak şekilde sıkıştırın.

d) Ruloyu, tabanı aşağı bakacak şekilde muffin deliklerinden birine yerleştirin ve hamurun, muhallebinin ve çileklerin geri kalanıyla aynı işlemi tekrarlayın.

e) Tüm kekler toplandığında, kabarıncaya, altın rengine dönene ve üstü çıtır çıtır olana kadar 15-20 dakika pişirin.

f) Pişirme sırasında çok fazla kabarırsa kruvasan hamurunu kalıplara geri itin. Servis yaparken üzerine pudra şekeri serpin.

22.Çilekli Yoğurtlu Kurabiye Kareleri

TALİMATLAR:
- 2 bardak graham kraker kırıntısı
- ½ bardak tuzsuz tereyağı, eritilmiş
- 3 su bardağı dondurulmuş çilek, çözülmüş
- ¼ su bardağı toz şeker
- 2 su bardağı vanilyalı yoğurt
- Servis için çırpılmış krema

TALİMATLAR:
a) Bir karıştırma kabında graham kraker kırıntılarını ve eritilmiş tereyağını birleştirin. Kabuğu oluşturmak için karışımı 9x9 inçlik bir pişirme kabının tabanına bastırın.
b) Çözülmüş çilekleri bir karıştırıcıda pürüzsüz hale gelinceye kadar karıştırın. Şekeri ekleyin ve iyice birleşene kadar tekrar karıştırın.
c) Ayrı bir kapta çilek püresini vanilyalı yoğurtla iyice birleşene kadar karıştırın.
ç) Çilekli yoğurt karışımını pişirme kabındaki graham kraker kabuğunun üzerine dökün.
d) Üstünü bir spatula ile düzeltin ve tabağı plastik ambalajla örtün.
e) Yemeği en az 4 saat veya sertleşinceye kadar dondurucuya koyun.
f) Servis yapmak için donmuş kurabiyeyi kareler halinde kesin ve her karenin üzerine bir parça çırpılmış krema ekleyin.

23.Dolma Çilek

TALİMATLAR:
- 1 litre çilek
- 4 ons krem peynir, yumuşatılmış
- ¼ su bardağı pudra şekeri
- ½ çay kaşığı vanilya özü
- ¼ bardak ezilmiş graham kraker

TALİMATLAR:
a) Çilekleri yıkayıp üst kısımlarını kesin. Ortasını küçük bir bıçakla veya çilek soyucuyla oyuyoruz.
b) Bir kapta krem peyniri, pudra şekerini ve vanilya özünü pürüzsüz hale gelinceye kadar karıştırın.
c) Her çileği krem peynir karışımıyla doldurun.
ç) Çileğin dolu ucunu ezilmiş graham krakerlerine batırın.
d) Servis yapmadan önce 30 dakika soğutun.

24.Nutellalı Çilek Dolması

TALİMATLAR:
- 30 dilimlenmiş taze çilek
- 1 (7 ons) kutu çırpılmış krema
- 13 onsluk kavanoz Nutella
- 30 taze yaban mersini
- 1 (14,4 ons) paket mini graham kraker

TALİMATLAR:
a) Öncelikle her çileğin alt kısmını kesip üstten birer delik açın.
b) Şimdi bu deliğe krem şanti ve fındık ezmesini koyun ve üzerine bir yaban mersini ekleyin.
c) Servis yapmadan önce graham krakeriyle kaplayın.

25.Çikolata Kaplı Çilek

TALİMATLAR:
- Taze çilek, yıkanmış ve kurutulmuş
- 1 paket CandiQuik (vanilya aromalı şeker kaplama)
- İsteğe bağlı: Beyaz çikolata parçacıkları, koyu çikolata parçacıkları veya dekorasyon için diğer süslemeler

TALİMATLAR:
a) Bir fırın tepsisini parşömen kağıdıyla hizalayın.
b) CandiQuik'i parçalara ayırın ve ısıya dayanıklı bir kaseye yerleştirin. CandiQuik'i paket talimatlarına göre eritin . Genellikle bu, tamamen eriyene kadar 30 saniyelik aralıklarla mikrodalgada ısıtılmasını içerir.
c) Her çileği sapından tutun veya kürdan kullanarak çilekleri erimiş CandiQuik'e batırın ve yaklaşık üçte ikisini kaplayın.
ç) Fazla CandiQuik kaplamasının damlamasını bekleyin, ardından çikolata kaplı çilekleri parşömen kağıtla kaplı fırın tepsisine yerleştirin.
d) İsteğe bağlı: CandiQuik kaplama hala ıslakken, ilave dekorasyon için eritilmiş beyaz çikolata, bitter çikolata veya diğer sosları çikolata kaplı çileklerin üzerine gezdirebilirsiniz.
e) CandiQuik kaplamanın tamamen sertleşmesine izin verin .
f) Ayarlandıktan sonra Çikolata Kaplı Çilekleriniz tadını çıkarmaya hazır!

26.Kırmızı, Beyaz ve Mavi Çilekler

TALİMATLAR:
- Taze çilek, yıkanmış ve kurutulmuş
- 1 paket CandiQuik (vanilya aromalı şeker kaplama)
- Mavi şeker erir
- Beyaz şeker erir
- İsteğe bağlı: Dekorasyon için kırmızı, beyaz ve mavi parçacıklar veya yenilebilir parıltı

TALİMATLAR:
a) Bir fırın tepsisini parşömen kağıdıyla hizalayın.
b) CandiQuik'i parçalara ayırın ve ısıya dayanıklı bir kaseye yerleştirin. CandiQuik'i paket talimatlarına göre eritin . Genellikle bu, tamamen eriyene kadar 30 saniyelik aralıklarla mikrodalgada ısıtılmasını içerir.
c) Çilekleri üç gruba ayırın.
ç) Bir grup çileği tamamen kaplanana kadar eritilmiş CandiQuik'e batırın . Bunları parşömen kağıdıyla kaplı fırın tepsisine yerleştirin.
d) Başka bir grup çileği tamamen kaplanana kadar eritilmiş mavi şeker eriyiğine batırın. Bunları fırın tepsisindeki beyaz kaplamalı çileklerin yanına yerleştirin.
e) Kalan çilek grubunu tamamen kaplanana kadar eritilmiş beyaz şeker eriyiğine batırın. Bunları fırın tepsisindeki mavi kaplamalı çileklerin yanına yerleştirin.
f) İsteğe bağlı: Şeker kaplaması hala ıslakken, şenlikli bir dokunuş için her kaplanmış çileğin üzerine kırmızı, beyaz ve mavi serpintiler veya yenilebilir parıltı serpin.
g) Şeker kaplamasının sertleşmesine ve tamamen yerleşmesine izin verin.
ğ) Ayarlandıktan sonra Kırmızı, Beyaz ve mavi Çilekleriniz tadını çıkarmaya hazır!

27.Cinco De Mayo Çilekler

TALİMATLAR:
- Taze çilek, yıkanmış ve kurutulmuş
- 1 paket CandiQuik (vanilya aromalı şeker kaplama)
- Yeşil renkli şeker veya yeşil sprinkles
- Beyaz veya altın renginde şeker veya serpme
- İsteğe bağlı: Garnitür için limon kabuğu rendesi

TALİMATLAR:
a) Bir fırın tepsisini parşömen kağıdıyla hizalayın.
b) CandiQuik'i parçalara ayırın ve ısıya dayanıklı bir kaseye yerleştirin. CandiQuik'i paket talimatlarına göre eritin . Genellikle bu, tamamen eriyene kadar 30 saniyelik aralıklarla mikrodalgada ısıtılmasını içerir.
c) Her çileği sapından tutun veya kürdan kullanarak çilekleri erimiş CandiQuik'e batırın ve yaklaşık üçte ikisini kaplayın.
ç) Fazla CandiQuik kaplamasının damlamasına izin verin, ardından kaplanmış çilekleri parşömen kağıtla kaplı fırın tepsisine yerleştirin.
d) CandiQuik kaplaması hala ıslakken, kaplanmış çileklerin üçte birine yeşil renkli şeker veya yeşil serpinti serpin. Bu Meksika bayrağının yeşil rengini temsil ediyor.
e) Kaplamalı çileklerin üçte birine beyaz veya altın rengi şeker serpin veya serpin. Bu Meksika bayrağının beyaz rengini temsil eder.
f) Meksika bayrağının kırmızı rengi için kaplanmış çileklerin kalan üçte birini ilave serpmeden bırakın.
g) İsteğe bağlı: Narenciye aroması patlaması ve garnitür eklenmesi için çileklerin üzerine limon kabuğu rendesi ekleyin.
ğ) CandiQuik kaplamanın tamamen sertleşmesine izin verin .
h) Ayarlandıktan sonra Cinco de Mayo Çilekleriniz tadını çıkarmaya hazır!

28.Çilek Noel Baba Şapkaları

TALİMATLAR:
- CandiQuik (beyaz çikolata kaplama)
- Taze çilekler
- Minyatür şekerlemeler

TALİMATLAR:
a) CandiQuik'i paket talimatlarına göre eritin .
b) Çileğin sivri ucunu eritilmiş CandiQuik'e batırın .
c) Noel Baba şapkasının ponponunu oluşturmak için kaplanmış çileğin üzerine minyatür bir marshmallow yerleştirin.
ç) CandiQuik'in kurumasını bekleyin .

29.Çilek Şifon Kareler

TALİMATLAR:
KABUĞU İÇİN:
- 1½ bardak Graham gofret kırıntısı
- ⅓ su bardağı eritilmiş margarin

DOLGU İÇİN:
- ¾ su bardağı kaynar su
- 1 paket çilekli jöle
- 1 su bardağı Eagle Brand süt (şekerli yoğunlaştırılmış süt)
- ⅓ bardak limon suyu
- 1 paket Dondurulmuş dilimlenmiş çilek
- 3 bardak Minyatür marshmallow
- ½ pint Krem şanti, çırpılmış

TALİMATLAR:
KABUĞU İÇİN:
a) Graham gofret kırıntılarını ve eritilmiş margarini birleştirin.
b) Karışımı 9 x 13 inçlik bir tavanın tabanına dökün.

DOLGU İÇİN:
c) Çilekli jöleyi geniş bir kapta kaynar suda eritin.
ç) Şekerli yoğunlaştırılmış süt, limon suyu, dondurulmuş dilimlenmiş çilekler ve marshmallowları karıştırın.
d) Çırpılmış kremayı katlayın.
e) Karışımı kırıntı kabuğunun üzerine dökün.
f) Ayarlanana kadar soğutun, yaklaşık 2 saat.

30.S'Mores Çilek Dolması

TALİMATLAR:
- Taze çilekler
- Çikolata parçacıkları
- Mini şekerlemeler
- Ezilmiş graham krakerleri

TALİMATLAR:
a) Çilekleri boşaltın.
b) Her çileği çikolata parçacıkları ve mini marshmallowlarla doldurun.
c) Üzerine ezilmiş graham krakerlerini serpin.
ç) Bu lokmalık S'Mores lezzetlerini servis etmeden önce serinleyin.

31.Çilekli Cheesecake Churros

TALİMATLAR:
- 1 bardak su
- 2 yemek kaşığı şeker
- ½ çay kaşığı tuz
- 2 yemek kaşığı bitkisel yağ
- 1 fincan çok amaçlı un
- Kızartmak için bitkisel yağ
- ¼ su bardağı şeker (kaplama için)
- 1 çay kaşığı toz tarçın (kaplama için)
- Çilekli cheesecake dolgusu (hazır veya mağazadan satın alınmış)

TALİMATLAR:

a) Bir tencerede su, şeker, tuz ve bitkisel yağı birleştirin. Karışımı kaynatın.
b) Tencereyi ocaktan alıp unu ekleyin. Karışım bir hamur topu oluşana kadar karıştırın.
c) Bitkisel yağı derin bir tavada veya tencerede orta ateşte ısıtın.
ç) Hamuru yıldız uçlu sıkma torbasına aktarın.
d) Hamuru sıcak yağın içine sıkın ve bir bıçak veya makasla 4-6 inç uzunluğunda kesin.
e) Her tarafı altın rengi olana kadar ara sıra çevirerek kızartın.
f) Churros'u yağdan çıkarın ve bir kağıt havlu üzerine boşaltın.
g) Ayrı bir kapta şekeri ve tarçını birleştirin. Churros'ları tarçınlı şeker karışımında kaplanana kadar yuvarlayın.
ğ) Bir şırınga veya hamur torbası kullanarak tatlıları çilekli cheesecake dolgusu ile doldurun.
h) Çilekli cheesecake tatlılarını sıcak olarak servis edin.

32.Çilekli Krem Peynirli Enchiladas

TALİMATLAR:
- 10 unlu tortilla
- 1 paket (8 ons) krem peynir, yumuşatılmış
- ¼ su bardağı toz şeker
- 2 su bardağı taze çilek, dilimlenmiş
- ¼ bardak tuzsuz tereyağı, eritilmiş
- ½ su bardağı toz şeker
- ½ çay kaşığı öğütülmüş tarçın
- Servis için çırpılmış krema

TALİMATLAR:
a) Fırını önceden 350°F'ye ısıtın.
b) Orta boy bir kapta krem peyniri ve ¼ bardak şekeri pürüzsüz hale gelinceye kadar çırpın.
c) Tortillayı düz bir yüzeye yayın ve ortasına yaklaşık 1,5 yemek kaşığı krem peynir karışımını yayın.
ç) Krem peynir karışımının üzerine birkaç dilim çilek yerleştirin.
d) Tortillayı sıkıca yuvarlayın ve dikiş tarafı aşağı bakacak şekilde 9x13 inçlik bir pişirme kabına yerleştirin.
e) Kalan tortilla, krem peynir karışımı ve çileklerle aynı işlemi tekrarlayın.
f) Küçük bir kapta eritilmiş tereyağını, yarım bardak şekeri ve tarçını karıştırın.
g) Tereyağı karışımını enchiladaların üzerine dökün.
ğ) 20-25 dakika veya enchiladalar altın kahverengi ve gevrek oluncaya kadar pişirin. Krem şanti ile servis yapın.

33. Godiva Çilek Muz Kabobs

TALİMATLAR:
- 1 su bardağı bitter çikolata parçacıkları
- 4-5 adet taze bütün çilek
- 2 muz

TALİMATLAR:
a) Çilekleri 3-4 parçaya bölün.
b) Muzları 1 inçlik parçalar halinde kesin.
c) Çilekleri ve muz parçalarını dönüşümlü olarak tahta şişlerin üzerine geçirin.
ç) Şişleri bir parşömen kağıdının üzerine yerleştirin.
d) Mikrodalgaya dayanıklı bir kaseye bitter çikolata parçacıklarını ekleyin. 30 saniye boyunca mikrodalgada tutun, karıştırın ve ardından 15 saniye daha mikrodalgada tutun. Çikolata pürüzsüz hale gelinceye kadar karıştırmaya devam edin. Gerekirse 15 saniye daha mikrodalgada tutun.
e) Eritilmiş çikolatayı her şişin üzerine ileri geri gezdirin.
f) Çikolatanın soğumasını bekleyin ve sertleşinceye kadar bekletin.
g) Çöken Godiva Çilek Muzlu Kabob'larınızın tadını çıkarın!

34.Soslu Karışık Meyveli Börek

TALİMATLAR:
MEYVELİ BAHARAT İÇİN:
- 1 bardak çilek, dörde bölünmüş
- 2 kivi, dilimler halinde kesilmiş
- 2 portakal, dilimler halinde kesilmiş
- 1 mango, şeritler halinde kesilmiş
- 2 şeftali, şeritler halinde kesilmiş
- ½ bardak kiraz, çekirdekleri çıkarılmış ve ikiye bölünmüş
- ½ bardak yaban mersini
- ½ bardak ahududu
- 1 yıldız meyvesi
- 8 yaprak Vietnam pirinç kağıdı
- Taze nane yaprakları

ÇİLEK DOLMA SOSU İÇİN:
- 2 bardak çilek
- 1 tutku meyvesi

ÇİKOLATA SOSU İÇİN:
- 1 su bardağı bitter çikolata, eritilmiş

TALİMATLAR:
MEYVE BAHARLARININ HAZIRLANIŞI:
a) Tüm meyveleri küçük parçalar halinde kesin. İstenirse mango için yıldız şeklinde bir kesici kullanın.
b) Sığ bir kaseyi suyla doldurun ve Vietnam pirinç kağıdı yapraklarını suya batırın, her iki tarafının da orta derecede ıslandığından emin olun. Çok yumuşak olabileceğinden, onları çok uzun süre suda bırakmamaya dikkat edin.
c) Pirinç kağıtlarını ıslattıktan sonra, hazırlanan meyvelerin bir kısmını her bir pirinç kağıdı yaprağına yerleştirin.
d) Bunları ortasına yerleştirin ve iki yan kanadı katlayarak burrito gibi yuvarlayın.

ÇİLEK DOLMA SOSUNUN YAPILIŞI:
e) Bir karıştırıcıda çilekleri ve çarkıfelek meyvesinin posasını birleştirin.
f) Pürüzsüz olana kadar karıştır. Bu sizin çilekli dip sosunuz olacak.

SERVİS:
g) Meyveli böreği çilekli dip sosla birlikte servis edin. Alternatif bir daldırma seçeneği olarak eritilmiş bitter çikolata da sunabilirsiniz.
h) Sıcak yaz günlerinde serinletici ve sağlıklı Fruit Spring Roll'larınızın tadını çıkarın!

35.Çilekli Limonata Soslu Spring Rolls

TALİMATLAR:
BAHAR RULOLARI:
- Ilık su
- 8 pirinç kağıdı sarmalayıcı
- 1 kivi, dilimlenmiş
- ¼ bardak çilek (40 g), dilimlenmiş
- ½ mango, dilimlenmiş
- ¼ bardak ahududu (30 gr)
- ½ yeşil elma, dilimlenmiş

ÇİLEKLİ LİMONATA DOLMASI:
- ½ bardak vanilyalı Yunan yoğurdu (120 g)
- ½ bardak çilek (75 g), dilimlenmiş
- 3 dal taze nane yaprağı
- 1 yemek kaşığı bal
- 1 yemek kaşığı limon suyu
- ¼ yemek kaşığı limon kabuğu rendesi, ayrıca garnitür için daha fazlası

TALİMATLAR:
ÇİLEKLİ LİMONATA SONUNU YAPIN:
a) Yunan yoğurtunu, dilimlenmiş çilekleri, taze nane yapraklarını, balı, limon suyunu ve limon kabuğu rendesini bir karıştırıcıya ekleyin.
b) Pürüzsüz olana kadar karıştır.
c) Sosu küçük bir kaseye aktarın ve daha fazla limon kabuğu rendesi ile süsleyin.
d) Ruloları birleştirirken buzdolabında soğumaya bırakın.

BAHAR RULOLARINI BİRLEŞTİRİN:
e) Orta sığ bir kaseyi ılık suyla doldurun ve iş istasyonunuzun yakınına yerleştirin.
f) Pirinç kağıdı ambalajını birkaç saniye ılık suya batırın ve tamamen suya batırın.
g) Islatılmış pirinç kağıdını çıkarın ve plaka gibi pürüzsüz, temiz bir yüzeye düz bir şekilde koyun.
h) İstediğiniz dilimlenmiş kivi, dilimlenmiş çilek, dilimlenmiş mango, ahududu ve dilimlenmiş yeşil elma kombinasyonunu ambalajın ortasına ekleyin. Yuvarlanmayı kolaylaştırmak için fazla doldurmamaya dikkat edin.
i) Pirinç kağıdı kurumadan hızlı bir şekilde çalışarak, pirinç kağıdının her iki tarafını da meyvenin üzerine katlayarak sabitleyin.
j) Pirinç kağıdının alt kenarını kaldırın ve dikkatlice meyvenin üstüne katlayın, diğer tarafının altına sıkıştırın.
k) Meyve tamamen kaplanıncaya ve ambalajın üst kenarı yaylı ruloya yapışıncaya kadar yavaşça yuvarlayın.
l) Geri kalan malzemelerle haddeleme işlemini tekrarlayın.
m) Her bir yaylı ruloyu bir kenara koyun ve kalan malzemelerle aynı işlemi tekrarlarken taze kalmasını sağlamak için nemli bir kağıt havluyla örtün.

SERT:
n) Meyveli börekleri soğutulmuş çilekli limonata sosuyla servis edin.
o) Bu canlandırıcı ve sağlıklı mezenin tadını çıkarın!

36. Çilekli Dondurulmuş Yoğurtlu Gofret

TALİMATLAR:
EKSTRA KALIN DONDURMA GOFRETLERİ
- 1 fincan çok amaçlı un
- ½ su bardağı toz şeker
- ¼ bardak tuzsuz tereyağı, eritilmiş
- ¼ bardak süt
- ½ çay kaşığı vanilya özü
- Bir tutam tuz
- Pişirme spreyi veya ilave eritilmiş tereyağı (waffle demirini yağlamak için)

DOLGU
- 250 gr soyulmuş çilek, ayrıca 125 gr çilek, kabuğu soyulmuş ve ince doğranmış
- ½ su bardağı (110 gr) pudra şekeri
- 500 gr organik Yunan usulü yoğurt
- ½ bardak (125ml) saf (ince) krema

TALİMATLAR:
EKSTRA KALIN DONDURMA GOFRETLERİ
a) Waffle demirinizi üreticinin talimatlarına göre önceden ısıtın.
b) Bir karıştırma kabında çok amaçlı un, toz şeker ve bir tutam tuzu birleştirin.
c) Mikrodalgaya dayanıklı ayrı bir kapta tuzsuz tereyağını eritin.
ç) Eritilmiş tereyağını, sütü ve vanilya özünü kuru malzemelere ekleyin. Pürüzsüz bir hamur elde edene kadar karıştırın. Kalın fakat dökülebilir olmalıdır.
d) Waffle demirinizi pişirme spreyi veya eritilmiş tereyağıyla hafifçe yağlayın.
e) Önceden ısıtılmış waffle makinesine, waffle ızgarasının yaklaşık ⅔'ünü kaplayacak kadar yeterli miktarda hamur dökün. Gereken hamur miktarı waffle demirinizin boyutuna bağlı olacaktır.
f) Waffle makinesini kapatın ve gofretler altın kahverengi ve gevrek oluncaya kadar üreticinin talimatlarına göre pişirin. Bu genellikle yaklaşık 2-4 dakika sürer.
g) Bir çatal veya spatula kullanarak gofretleri waffle makinesinden dikkatlice çıkarın. Sıcakken esnek olmalılar ama soğudukça gevrekleşecekler.
ğ) Sıcak gofretleri tamamen soğuması için tel rafın üzerine yerleştirin. Soğudukça ekstra kalın dondurma gofretlerine dönüşecekler.

ÇİLEKLİ YOĞURT KARIŞIMI HAZIRLANIŞI:
a) 250 gr soyulmuş çileği ve pudra şekerini mutfak robotuna yerleştirerek başlayın. Karışım pürüzsüz hale gelinceye kadar işlem yapın.
b) Organik Yunan usulü yoğurdu mutfak robotundaki çilek karışımına ekleyin. Her şey iyice birleşene kadar tekrar işlem yapın.
c) Çilekli yoğurt karışımını büyük, sığ bir plastik kaba dökün. Üzerini bir kapak veya folyo ile kapatıp dondurucuya koyun.
ç) Yaklaşık 3 saat veya sertleşinceye kadar donmasına izin verin.

YOĞURT DOLGUSUNUN HAZIRLANIŞI:
d) 20 cm x 30 cm boyutlarında bir lamington tavayı hafif bitkisel yağ spreyi ile yağlayın. Tavanın tabanını ve iki uzun kenarını bir parça pişirme kağıdıyla hizalayın ve uyacak şekilde kesin.

e) Elektrikli çırpıcılar kullanarak, saf (ince) kremayı geniş bir kapta yumuşak zirveler oluşana kadar çırpın.
f) Çilekli yoğurt karışımını dondurucudan çıkarın. Kabaca doğrayın ve pürüzsüz hale gelinceye kadar bir mutfak robotunda işleyin.
g) İşlenmiş çilekli yoğurt karışımını çırpılmış kremaya katlayın. Keyifli bir dolgu oluşturmak için fazladan doğranmış çilekleri karıştırın.
ğ) Hazırlanan lamington tavasının tabanına yoğurt ve çilek karışımını eşit şekilde dağıtın.
h) Tavayı plastik ambalajla örtün ve dondurucuya geri koyun. Yaklaşık 4 saat veya sertleşinceye kadar donmasına izin verin.

ÇİLEKLİ DONDURULMUŞ YOĞURT GOFRETLERİN MONTAJI:
ı) Dondurulmuş çilekli yoğurt dilimini doğrama tahtasına çevirin. Pişirme kağıdını çıkarın ve düzgün bir dikdörtgen oluşturmak için kenarlarını kesin.
i) Boyutu belirlemek için ekstra kalın dondurma gofretlerinden birini kılavuz olarak kullanın. Dondurulmuş yoğurt dilimini 12 adet eşleşen boyutlara kesin.
j) Lezzetli çilekli dondurulmuş yoğurtlu gofretler oluşturmak için her dondurulmuş çilekli yoğurt parçasını iki ekstra kalın dondurma gofreti arasına sandviçleyin.
k) Hemen servis yapın ve ev yapımı çilekli, dondurulmuş yoğurtlu gofretlerinizin tadını çıkarın, lezzetli ve canlandırıcı bir ikram!

37.Çilek Tuiles

TALİMATLAR:
- 100 gram çekilmiş badem
- 25 gram Sade Un
- 70 gram Pudra Şekeri
- 15 gram Ezilmiş Kurutulmuş Çilek
- 25 gram Tereyağı, eritilmiş ve soğutulmuş
- 1 Büyük Yumurta Beyazı, hafifçe çırpılmış

TALİMATLAR:

a) Bir karıştırma kabında öğütülmüş bademleri, sade unu, pudra şekerini ve ezilmiş kurutulmuş çilekleri birleştirin. İyice karışıncaya kadar bunları karıştırın.

b) Eritilmiş ve soğutulmuş tereyağını hafifçe çırpılmış yumurta akı ile birlikte kuru malzemelere ekleyin. Karışım pürüzsüz ve yapışkan bir hamur oluşana kadar karıştırın.

c) Hamurun üzerini kapatıp 30 dakika kadar buzdolabında bekletin. Bu soğutma adımı hamurun sertleşmesine ve işlenmesinin kolaylaşmasına yardımcı olur.

ç) Fırınınızı önceden 160°C'ye (325°F) veya Gas Mark 3'e ısıtın. Üç fırın tepsisini yağlayın ve bir kenara koyun.

d) Soğuyan hamuru alın ve hazırlanan fırın tepsisine 20 porsiyon dökün. Her kısım yaklaşık 3 inç çapında ve yaklaşık 1/16 inç kalınlığında bir daire şeklinde düzleştirilmelidir. Pişirme sırasında yayılacağı için her bir tuile arasında yeterli boşluk olduğundan emin olun .

e) Tuile'leri önceden ısıtılmış fırında yaklaşık 8 dakika veya güzel bir altın rengine dönene kadar pişirin . Mükemmel altın rengiden aşırı pişmişe hızla geçebilecekleri için onlara yakından bakın.

f) Tuile'ler hala sıcakken, her birini fırın tepsisinden çıkarmak için dikkatlice bir palet bıçağı kullanın. Hemen, hassas bir kıvrılma şekli oluşturmak için her bir tutamı bir oklava üzerine yavaşça bastırın. Tuiles sıcakken kırılgan olacağından dikkatli olun .

g) Çilek tuile'lerinin kıvrılmış şekilleriyle soğumasını ve sertleşmesini bekleyin. Tamamen soğuyup sertleştikten sonra merdaneden dikkatlice çıkarın.

ğ) Strawberry Tuiles'lerinizi gevrekliğini ve lezzetini korumak için hava geçirmez bir kapta saklayın.

38.Lunchbox Çilekli Yoğurt Sosu

TALİMATLAR:
- 1 bardak Yunan yoğurdu
- ½ bardak püresi çilek
- 1 yemek kaşığı bal veya akçaağaç şurubu
- ½ çay kaşığı vanilya özü

TALİMATLAR:
a) Bir kasede Yunan yoğurdu, çilek püresi, bal veya akçaağaç şurubu ve vanilya özünü birleştirin.
b) Pürüzsüz ve iyice birleşene kadar iyice karıştırın.
c) Sağlıklı çilekli yoğurt sosunu, daldırma için taze meyve veya tam tahıllı krakerlerle birlikte küçük bir kapta paketleyin.

39.Çilek Tempura

TALİMATLAR:
- 1 bardak çilek, kabukları soyulmuş
- 1 fincan çok amaçlı un
- ¼ bardak mısır nişastası
- ¼ çay kaşığı kabartma tozu
- ¼ çay kaşığı tuz
- 1 su bardağı buz gibi soğuk su
- Kızartmak için bitkisel yağ
- Üzeri için pudra şekeri

TALİMATLAR:
a) Bir kapta un, mısır nişastası, kabartma tozu ve tuzu birleştirin.
b) Yavaş yavaş buz gibi suyu kuru malzemelere ekleyin ve hamur topaklar halinde pürüzsüz hale gelinceye kadar çırpın.
c) Bitkisel yağı fritözde veya büyük bir tencerede 180°C'ye (360°F) ısıtın.
ç) Her bir çileği hamurun içine batırın ve tamamen kaplandığından emin olun.
d) Hırpalanmış çilekleri dikkatli bir şekilde sıcak yağa koyun ve altın rengi kahverengi olana kadar kızartın, eşit pişmesi için bir kez çevirin.
e) Kızartılmış çilekleri yağdan çıkarmak için oluklu bir kaşık kullanın ve fazla yağı boşaltmak için kağıt havluyla kaplı bir tabağa aktarın.
f) Kızaran çileklerin üzerine pudra şekeri serpin.
g) Çilekli tempurayı enfes ve eşsiz bir ikram olarak servis edin.

40.Çilekli Cheesecake Nachos

TALİMATLAR:
- 1 paket tarçınlı şekerli tortilla cipsi
- 1 pint çilek, doğranmış
- 8 ons krem peynir, yumuşatılmış
- ½ su bardağı pudra şekeri
- 1 çay kaşığı vanilya özü
- Krem şanti

TALİMATLAR:
a) Bir kapta krem peyniri, pudra şekerini ve vanilya özünü pürüzsüz hale gelinceye kadar karıştırın.
b) Tortilla cipslerini bir tabağa dizin ve üzerine doğranmış çilekleri ve krem peynir karışımını ekleyin.
c) Krem şanti ile gezdirin.

ANA DİL

41.Biberli ve Ispanaklı Çilek Salatası

TALİMATLAR:
- 4 su bardağı bebek ıspanak
- ½ bardak doğranmış pepperoni
- 1 su bardağı taze çilek, dilimlenmiş
- ¼ bardak dilimlenmiş badem
- Beyaz peynir ufalanıyor
- Balzamik sos sosu

TALİMATLAR:
a) Büyük bir kapta körpe ıspanak, doğranmış sucuk, dilimlenmiş çilek, dilimlenmiş badem ve beyaz peynir parçalarını birleştirin.
b) Balzamik salata sosunu gezdirin ve birleştirmek için hafifçe fırlatın.

42.Pembe Parti Salatası

TALİMATLAR:
- 1 can (No 2) ezilmiş ananas
- 24 büyük Marşmelov
- 1 paket çilekli jöle
- 1 fincan Krema
- 2 bardak Küçük lor süzme peynir
- ½ bardak Fındık; doğranmış

TALİMATLAR:
a) Ananas suyunu marshmallow ve jöle ile ısıtın . Serin.
b) Çırpılmış krema, ananas, süzme peynir ve fındıkları karıştırın. İlk karışımı ekleyip karıştırın.
c) Gece boyunca soğutun.

43.Kivi Çilek Nane Meyve Suşi Kasesi

TALİMATLAR:
- 1 bardak suşi pirinci, pişmiş
- 2 kivi, dilimlenmiş
- 1 bardak çilek, dilimlenmiş
- Taze nane yaprakları
- 2 yemek kaşığı bal
- ¼ bardak dilimlenmiş badem

TALİMATLAR:
a) Pişmiş suşi pirincini bir kaseye koyun.
b) Üzerine kivi ve çilek dilimlerini dizin.
c) Taze nane yapraklarıyla süsleyin.
ç) Balı kasenin üzerine gezdirin.
d) Daha fazla çıtırlık için dilimlenmiş badem serpin.
e) Serinletici lezzetleri servis edin ve tadını çıkarın.

44.Çilekli Fesleğenli Prosciutto Izgara Peynir

TALİMATLAR:
- 12 ons Taze Mozzarella, dilimlenmiş
- 8 dilim beyaz ekmek, kalın kesilmiş
- 2 Yemek kaşığı yumuşatılmış tereyağı
- 8 adet taze çilek (orta ila büyük), ince dilimlenmiş
- 12 adet taze fesleğen yaprağı, bütün
- 8 dilim prosciutto, ince kesilmiş
- 2 ons balzamik sır

TALİMATLAR:
a) Her birinin bir tarafına ekmek ve tereyağı dilimlerini yerleştirin.
b) Tereyağsız tarafta taze mozzarella peyniri, çilek, fesleğen yaprağı ve salam ekleyin.
c) Balzamik sırla gezdirin; Kalan ekmeği üstüne yerleştirin ve önceden ısıtılmış yapışmaz tavaya aktarın.
ç) Spatulayla bastırarak yaklaşık bir dakika kadar pişirin. Altın kahverengi olana kadar çevirin ve tekrarlayın.
d) Çıkarın, istenirse üstüne ekstra balzamik sır sürün, kesin ve servis yapın.

45.Çilek ve Krem Peynirli Tost

TALİMATLAR:
- 8 orta kalınlıkta dilim yumuşak, tatlı beyaz ekmek (challah veya brioche gibi)
- 8-12 yemek kaşığı (yaklaşık 8 ons) krem peynir (az yağlı olması iyidir)
- Yaklaşık ½ bardak çilek konservesi
- 1 bardak (yaklaşık 10 ons) dilimlenmiş çilek
- 2 büyük yumurta, hafifçe dövülmüş
- 1 yumurta sarısı
- Yaklaşık ½ bardak süt (az yağlı olması iyidir)
- Bir tutam vanilya özü
- Şeker
- 2-4 yemek kaşığı tuzsuz tereyağı
- ½ çay kaşığı taze limon suyu
- ½ bardak ekşi krema
- Birkaç dal taze nane, ince dilimlenmiş

TALİMATLAR:

a) Ekmeğin 4 dilimini krem peynirle kalın bir şekilde yayın, krem peynirin pişirme sırasında sızmaması için kenarlara doğru biraz inceltin, ardından diğer 4 dilim ekmeği reçellerle birlikte yayın.

b) Krem peynirin üzerine ince bir tabaka çilek serpin.

c) Her bir peynirli ekmek parçasını, konserve yayılmış bir ekmek parçasıyla doldurun. Kapatmak için yavaşça ama sıkıca bastırın.

ç) Sığ bir kapta yumurtaları, yumurta sarısını, sütü, vanilya özütünü ve yaklaşık 1 yemek kaşığı şekeri birleştirin.

d) Ağır, yapışmaz bir tavayı orta-yüksek ateşte ısıtın. Tereyağını ekleyin. Her sandviçi teker teker süt ve yumurtanın bulunduğu kaseye batırın. Bir veya iki dakika içinde ıslanmasına izin verin, sonra ters çevirin ve tekrarlayın.

e) Sandviçleri eritilmiş tereyağlı sıcak tavaya yerleştirin ve altın kahverengi olana kadar pişmesine izin verin. Ters çevirin ve ikinci tarafı hafifçe kızartın.

f) Bu arada kalan çilekleri damak tadınıza göre şeker ve limon suyuyla birleştirin.

g) Her sandviçi biter bitmez, bir kaşık veya 2 çilek ve bir parça ekşi krema ile süsleyerek servis yapın.

ğ) Üzerlerine de biraz nane serpin.

46.Kuşkonmaz ve Çilek Salatası

TALİMATLAR:
- 1 demet kuşkonmaz
- 2 su bardağı taze çilek, kabuğu soyulmuş ve dilimlenmiş
- 4 su bardağı karışık salata yeşillikleri
- 1/4 bardak dilimlenmiş badem
- 1/4 su bardağı ufalanmış keçi peyniri
- Balzamik sos sosu

TALİMATLAR:
a) Kuşkonmazların sert kısımlarını kesip kaynar suda 2 dakika haşlayın. Drenaj yapın ve bir kenara koyun.
b) Büyük bir kapta karışık salata yeşilliklerini, beyazlatılmış kuşkonmazı, dilimlenmiş çilekleri, dilimlenmiş bademleri ve ufalanmış keçi peynirini birleştirin.
c) Balzamik salata sosunu gezdirin ve birleştirmek için hafifçe fırlatın.
ç) Kuşkonmaz ve çilek salatasını canlı ve lezzetli bir salata seçeneği olarak servis edin.

47.Çilek ve Ispanaklı Mantı Salatası

TALİMATLAR:
- 1 paket çilekli ve ıspanaklı mantı
- 2 su bardağı taze ıspanak yaprağı
- 1 bardak çilek, dilimlenmiş
- ¼ bardak dilimlenmiş badem
- 2 yemek kaşığı balzamik sır
- 2 yemek kaşığı sızma zeytinyağı
- Tatmak için biber ve tuz

TALİMATLAR:
a) Çilekli ve ıspanaklı mantıyı paketin üzerindeki talimatlara göre pişirin. Süzün ve soğumaya bırakın.
b) Büyük bir kapta pişmiş mantıyı, taze ıspanak yapraklarını, dilimlenmiş çilekleri ve dilimlenmiş bademleri birleştirin.
c) Balzamik sır ve sızma zeytinyağı ile gezdirin.
ç) Tuz ve karabiberle tatlandırın ve birleştirmek için hafifçe fırlatın.
d) Çilek ve ıspanaklı mantı salatasını soğuk olarak servis edin.

TATLI

48.Çilek Ayna Glaze Makaron

TALİMATLAR:
MAKARON KABUKLARI İÇİN:
- 1 su bardağı badem unu
- 1 su bardağı pudra şekeri
- 2 büyük yumurta akı, oda sıcaklığında
- ¼ su bardağı toz şeker
- 1 limonun kabuğu rendesi (daha fazla lezzet için)
- Pembe veya kırmızı jel gıda boyası (isteğe bağlı)

ÇİLEK DOLGUSU İÇİN:
- ½ bardak taze çilek, püre haline getirilmiş ve süzülmüş
- ¼ su bardağı toz şeker
- 2 yemek kaşığı tuzsuz tereyağı
- ½ çay kaşığı limon suyu (isteğe bağlı, parlaklık için)

ÇİLEK AYNA SIRASI İÇİN:
- ½ bardak su
- 1 su bardağı toz şeker
- ½ bardak hafif mısır şurubu
- ½ su bardağı taze çilek püresi (süzülmüş)
- 2 yemek kaşığı jelatin tozu
- Pembe veya kırmızı jel gıda boyası (isteğe bağlı)

TALİMATLAR:
MAKARON KABUKLARININ YAPILIŞI:
a) İki fırın tepsisini parşömen kağıdı veya silikon fırın paspaslarıyla hizalayın.
b) Bir mutfak robotunda badem ununu ve pudra şekerini birleştirin. İyice birleşene ve doku bakımından ince olana kadar nabız atın. Büyük bir karıştırma kabına aktarın.
c) Başka bir karıştırma kabında yumurta aklarını köpük köpük olana kadar çırpın. Çırpmaya devam ederken yavaş yavaş toz şekeri ekleyin. Sert zirveler oluşana kadar çırpın. İsteğe bağlı olarak birkaç damla pembe veya kırmızı jel gıda boyası ve limon kabuğu rendesi ekleyin ve eşit şekilde dağılana kadar karıştırın.
ç) Badem unu karışımını yumurta akı karışımına bir spatula kullanarak yavaşça katlayın. Hamur pürüzsüz hale gelinceye ve şerit benzeri bir kıvam oluşturana kadar katlayın. Fazla karıştırmamaya dikkat edin.
d) uçlu sıkma torbasına aktarın .
e) Hazırlanan fırın tepsilerine küçük yuvarlaklar (yaklaşık 1 inç çapında) sıkın ve aralarında boşluk bırakın. Hava kabarcıklarının çıkması için fırın tepsisini tezgaha hafifçe vurun.
f) Borulu makaronları, yüzeyde bir kabuk oluşana kadar yaklaşık 30 dakika oda sıcaklığında bekletin. Bu adım pürüzsüz bir kabuk için çok önemlidir.
g) Makaronlar dinlenirken fırınınızı 150°C'ye (300°F) ısıtın.
ğ) Makaronları fırın tepsilerini yarıya kadar çevirerek 15 dakika pişirin.
h) Makaronları fırından çıkarın ve birkaç dakika fırın tepsisinde soğumalarını bekleyin, ardından tamamen soğumaları için tel ızgaraya aktarın.

ÇİLEK DOLGUNUN YAPILIŞI:
ı) Bir tencerede taze çilek püresini ve toz şekeri birleştirin. Karışım koyulaşana kadar sürekli karıştırarak orta ateşte ısıtın, yaklaşık 5-7 dakika.
i) Tencereyi ocaktan alın ve tuzsuz tereyağı ve limon suyunu (kullanılıyorsa) tamamen karışana kadar çırpın.
j) Çilek dolgusunu bir kaseye aktarın, üzerini plastik ambalajla örtün (kabuk oluşmasını önlemek için doğrudan yüzeye temas edecek

şekilde) ve soğuyuncaya kadar buzdolabında yaklaşık 1 saat bekletin.

MAKARONLARIN MONTAJI:

k) Makaron kabuklarını benzer boyuttaki çiftler halinde eşleştirin.
l) Sıkma torbasını çilek dolgusuyla doldurun ve her çiftten bir macaron kabuğuna küçük bir miktar sıkın.
m) Sandviç oluşturmak için ikinci kabuğu yavaşça üstüne bastırın. Kalan makarnalarla aynı işlemi tekrarlayın.

ÇİLEK AYNA SIRASININ YAPILIŞI:

n) Küçük bir kapta jelatin tozunu 2 yemek kaşığı soğuk suyla birleştirin. Birkaç dakika çiçek açmasına izin verin.
o) Bir tencerede su, toz şeker, mısır şurubu ve çilek püresini birleştirin. Orta ateşte, sürekli karıştırarak, şeker eriyene kadar kaynatın.
ö) Karışımı ocaktan alın ve çiçek açan jelatini ekleyerek karıştırarak birleştirin.
p) İstenirse, canlı bir çilek rengi elde etmek için birkaç damla pembe veya kırmızı jel gıda boyası ekleyin.

MAKARONLARIN SÜRÜLMESİ:

r) Fazla sırları yakalamak için fırın tepsisinin üzerine bir tel raf yerleştirin.
s) Her bir makarnayı üst kısmından tutun ve alt kısmını yavaşça çilekli aynalı sırın içine batırın. Fazla sırın damlamasına izin verin.
ş) Sırlı makaronları tel rafın üzerine yerleştirin ve sır sertleşinceye kadar yaklaşık 30 dakika bekletin.
t) Çilekli ayna sırlı makaronları hava geçirmez bir kapta buzdolabında üç güne kadar saklayın. Bu nefis çilek ikramlarının tadını çıkarın!

49.Çilek Lamingtonları

TALİMATLAR:
- 8 yumurta, ayrılmış
- 2 yumurta sarısı
- 190 gr pudra şekeri
- 80 gr sade un
- 40g mısır unu
- 40 gr tereyağı, eritilmiş ve soğutulmuş
- 5 ml (1 çay kaşığı) vanilya özü
- 100 gr kurutulmuş hindistan cevizi

ÇİLEK SIRASI:
- 30 gr tuzsuz tereyağı
- 4 yemek kaşığı çilekli jöle kristalleri
- 300 gr (2 su bardağı) elenmiş pudra şekeri

TALİMATLAR:
a) Fırını önceden 180°C'ye ısıtın. 30 x 18 cm'lik bir lamington tavayı yağlayın ve astarlayın.
b) Bir kapta 10 yumurta sarısını ve 90 gr pudra şekerini birleştirin. Karışım beyazlaşana kadar çırpın, ardından büyük bir kaseye aktarın.
c) Sade unu ve mısır ununu birlikte eleyin, ardından yumurta sarısı karışımına katlayın.
ç) Eritilmiş tereyağını ve vanilya özünü ekleyin.
d) Başka bir kapta yumurta aklarını kalan pudra şekeri ve vanilya özüyle sert zirveler oluşana kadar çırpın.
e) Çırpılmış yumurta aklarının yarısını yavaşça yumurta sarısı karışımına katlayın, ardından kalan yumurta aklarını da ekleyin.
f) Hamuru hazırlanan tavaya eşit şekilde yayın ve 15 dakika pişirin. Fırından çıkarın ve bir çay havluyla örtün.
g) Kremayı hazırlamak için tuzsuz tereyağını ve çilekli jöle kristallerini bir kaseye koyun. Üzerine 250 ml kaynar su dökün ve tereyağı eriyene kadar karıştırın.
ğ) Pudra şekerini eleyin ve pürüzsüz hale gelinceye kadar çırpın. Buzlanmanın hafifçe soğumasına izin verin.
h) Süngeri 12 kareye kesin. Her kareyi kremaya batırın, ardından eşit şekilde kaplanana kadar kurutulmuş hindistan cevizine bulayın.

50.Çilekli Sufle

TALİMATLAR:
- 18 ons taze çilek, soyulmuş ve püre haline getirilmiş
- ⅓ bardak çiğ bal
- 5 organik yumurta akı
- 4 çay kaşığı taze limon suyu

TALİMATLAR:
a) Fırınınızı 350°F'ye önceden ısıtın.
b) Bir kasede çilek püresini, 3 yemek kaşığı balı, 2 proteini ve limon suyunu birleştirin ve kabarık ve hafif oluncaya kadar nabız atın.
c) Başka bir kapta kalan proteinleri ekleyin ve kabarıncaya kadar çırpın.
ç) Kalan balı karıştırın.
d) Proteinleri çilek karışımına yavaşça karıştırın.
e) Karışımı eşit şekilde 6 ramekine ve bir fırın tepsisine aktarın.
f) Yaklaşık 10-12 dakika pişirin.
g) Fırından çıkarın ve hemen servis yapın.

51.Çikolataya Daldırılmış Çilekli Kurabiye

TALİMATLAR:
ÇEREZLER İÇİN:
- 1 su bardağı tuzsuz tereyağı, yumuşatılmış
- 1 su bardağı toz şeker
- 2 büyük yumurta
- 1 çay kaşığı vanilya özü
- 3 su bardağı çok amaçlı un
- ½ çay kaşığı kabartma tozu
- ¼ çay kaşığı tuz
- ½ bardak çilek reçeli veya konservesi

ÇİKOLATA KAPLAMA İÇİN :
- 1 paket CandiQuik (vanilya aromalı şeker kaplama)
- Taze çilek, yıkanmış ve kurutulmuş

TALİMATLAR:
ÇEREZLER İÇİN:
a) Fırınınızı önceden 350°F (175°C) ısıtın. Fırın tepsilerini parşömen kağıdıyla hizalayın.
b) Büyük bir kapta yumuşatılmış tereyağını ve şekeri hafif ve kabarık olana kadar krema haline getirin.
c) Yumurtaları teker teker ekleyin ve her eklemeden sonra iyice çırpın. Vanilya ekstraktını karıştırın.
ç) Ayrı bir kapta un, kabartma tozu ve tuzu birlikte çırpın.
d) Kuru malzemeleri yavaş yavaş ıslak malzemelere ekleyin ve birleşene kadar karıştırın.
e) Hazırlanan fırın tepsisine yuvarlak yemek kaşığı kurabiye hamurunu aralarında biraz boşluk bırakarak bırakın.
f) Her kurabiyenin ortasında bir girinti yapmak için başparmağınızı veya küçük bir kaşığın arkasını kullanın.
g) Her girintiyi az miktarda çilek reçeli veya konservesi ile doldurun.
ğ) Önceden ısıtılmış fırında 10-12 dakika veya kurabiyelerin kenarları hafif altın rengi oluncaya kadar pişirin.
h) Tamamen soğumaları için bir tel rafa aktarmadan önce kurabiyelerin fırın tepsisinde birkaç dakika soğumasını bekleyin.

ÇİKOLATA KAPLAMA İÇİN:
ı) CandiQuik'i paket talimatlarına göre eritin . Genellikle bu, tamamen eriyene kadar 30 saniyelik aralıklarla mikrodalgada ısıtılmasını içerir.
i) Soğutulmuş çilek dolgulu kurabiyelerin üstünü erimiş CandiQuik'e batırın ve çilek reçelini kaplayın.
j) Çikolatanın donmasını sağlamak için batırılmış kurabiyeleri parşömen kaplı bir tepsiye yerleştirin.
k) İstenirse, dekoratif bir dokunuş için batırılmış kurabiyelerin üzerine fazladan eritilmiş CandiQuik gezdirin.
l) Servis yapmadan önce çikolata kaplamasının tamamen sertleşmesini bekleyin.
m) Daha fazla zarafet için her çikolataya batırılmış çilekli kurabiyeyi üstüne taze bir çilekle süsleyin.

52.Mürver Çiçeği Panna Cotta Çilekli

TALİMATLAR:
- 500ml çift krema
- 450 ml tam yağlı süt
- 10 büyük mürver çiçeği başı, çiçekler toplanmış
- 1 vanilya çubuğu, çekirdekleri çıkarılmış
- 5 jelatin yaprağı
- 85 gr altın pudra şekeri

PARÇA İÇİN
- 75g tereyağı, ayrıca yağlama için ekstra
- 75 gr sade un
- 50 gr altın pudra şekeri
- 25 gr öğütülmüş badem

HİZMET ETMEK
- 250g meyve sepeti çilekleri, üst kısımları kesilmiş
- 1 yemek kaşığı altın pudra şekeri
- süslemek için birkaç tane mürver çiçeği toplanmış

TALİMATLAR:

a) Kremayı, sütü, çiçekleri, vanilya çubuğunu ve tohumları hafif ateşte ayarlanmış bir tavaya koyun. Sıvı kaynamaya başlar başlamaz ocaktan alın ve tamamen soğumaya bırakın.

b) Bu arada, ufalamak için tereyağını küçük bir tavaya dökün ve koyu kahverengiye dönene ve ceviz kokusu alana kadar hafifçe ısıtın. Bir kaseye dökün ve sertleşinceye kadar oda sıcaklığında soğumaya bırakın.

c) dariole kalıbının içlerini hafifçe yağlayın . Jelatin yapraklarını 10 dakika soğuk suda bekletin . Soğutulmuş krema karışımını bir elekten geçirerek temiz bir tavaya süzün, mürver çiçeklerini ve vanilya çubuğunu atın. Şekeri dökün ve çözünmesi için karıştırın. Kısık ateşe alıp tekrar kaynamaya bırakın ve ardından büyük bir sürahiye dökün. Jelatindeki fazla sıvıyı sıkın ve eriyene kadar sıcak kremaya karıştırın. Karışım soğuyuncaya ve hafifçe koyulaşana kadar karıştırmaya devam edin, böylece tüm vanilya tohumları dibe çökmez. Kalıplara dökün ve en az 4 saat soğutun. ayarlanana kadar.

ç) Fırını 180C/160C fan/gaza ısıtın 4. Kızartılmış tereyağını una sürün, ardından şeker ve bademleri karıştırın. Pişirme parşömeniyle kaplı bir tepsiye yayın. Birkaç kez karıştırarak, altın rengi oluncaya kadar 25-30 dakika pişirin . Soğumaya bırakın.

d) Çilekleri dilimleyin, ardından şeker ve 1 çay kaşığı su ile karıştırın. 20 dakika boyunca maserasyona bırakın .

e) Panna cotta'ları tabaklara çıkarın ve üzerlerine çilek ve meyve sularını ekleyin. Ufalanan parçanın bir kısmını üzerine serpin, fazla olanı yan taraftaki bir kasede servis edin, ardından birkaç mürver çiçeğiyle süsleyin.

53.Gül Çilek Lamington

TALİMATLAR:
LAMINGTON SÜNGERİ İÇİN:
- 390 gr sade (çok amaçlı) un
- 70 gr mısır unu
- 1 yemek kaşığı kabartma tozu
- ½ çay kaşığı tuz
- 226 gr tuzsuz tereyağı, yumuşatılmış
- 2 ¼ bardak pudra şekeri (çok ince) şeker
- 3 büyük yumurta
- 3 yumurta akı
- 1 yemek kaşığı vanilya özü
- ¾ bardak tam yağlı süt

SIR VE KAPLAMA İÇİN:
- ½ fincan pudra şekeri (çok ince) şeker
- 1 bardak su
- 1 ½ çay kaşığı jelatin tozu
- 250 gr taze çilek, yıkanmış ve kabuğu soyulmuş
- 1 çay kaşığı gül suyu özü
- 2 su bardağı pudra şekeri (pudra/şekerleme) şekeri
- 30 gr tuzsuz tereyağı, eritilmiş
- 2 su bardağı ince kurutulmuş hindistan cevizi

TALİMATLAR:
LAMINGTON SÜNGERİ İÇİN:

a) Fırını önceden fanlı 180C / 350F / 160C'ye ısıtın ve bir lamington kalıbını (yaklaşık 22cm x 33cm) pişirme kağıdıyla kaplayın.

b) Un, mısır unu , kabartma tozu ve tuzu birlikte eleyin, ardından iyice karıştırın.

c) Tereyağı ve şekeri çok hafif ve kabarık olana kadar çırpın. Yumurtaların tamamını ekleyin ve tamamen karışana kadar iyice çırpın. Daha sonra yumurta aklarını ve vanilyayı ekleyin ve karışım çırpılmış ve hafif görünene kadar çırpın. Ara sıra kasenin kenarlarını kazıyın.

ç) Unlu karışımın yarısını ekleyip spatulayla yavaşça karıştırın. Daha sonra sütü ekleyip karıştırıyoruz. Kalan unu ekleyin ve birleşene kadar yavaşça karıştırın.

d) Hazırlanan kalıba hamuru eşit şekilde yayın. Yarıya kadar çevirerek, üst kısmı altın rengi olana ve batırdığınız kürdan temiz çıkana kadar 35-40 dakika pişirin. Biraz soğumasını bekleyin, ardından tamamen soğuması için tel ızgara üzerine çıkarın.

GÜL VE ÇİLEK SIRASI İÇİN:
e) Şekeri ve suyu bir tencereye koyun ve üzerine jelatin tozunu serpin. 5 dakika bekledikten sonra şeker ve jelatin eriyene kadar kısık ateşte ısıtın. Çilekleri blendera koyun ve üzerine şurubu dökün. Bir sıvıya püre haline getirin.
f) Sıvıyı bir süzgeçten geçirerek bir sürahiye dökün ve gül suyu özünü ekleyin. Pudra şekerini temiz bir kaseye eleyin. Eritilmiş tereyağını ekleyin ve çilek şurubunu dökün. Pürüzsüz olana kadar çırpın, ardından buzdolabında 15-30 dakika soğumaya ve biraz koyulaşmaya bırakın.

MONTAJLAMA:
g) Hindistan cevizini ayrı bir kaseye koyun. Büyük bir fırın tepsisinin üzerine tel ızgarayı yerleştirin.
ğ) Süngerin kenarlarını kesin ve kareler halinde kesin, ayrıca her karenin altın kenarlarını da çıkarın.
h) İki çatal kullanarak süngeri çilek karışımına batırın ve her iki tarafı da kaplayacak şekilde çevirin. Fazlalığın damlamasını bekleyin, ardından hemen hindistan cevizine bulayın ve soğuması için tel ızgaranın üzerine yerleştirin.

54.Çilek ve Mürver Çiçeği Pastası

TALİMATLAR:
- 150g Toz Şeker
- 1 limon kabuğu rendesi ve
- 170g Tuzsuz Tereyağı
- 4 yumurta
- ¼ çay kaşığı Tuz
- 1 ½ çay kaşığı Kabartma Tozu
- 1 ½ çay kaşığı Bikarbonat Soda
- 250ml Sade Yoğurt
- 150g Sade Beyaz Un
- 150g Sade Tam kepekli Un

ÜSTÜ İÇİN:
- 60g Yumuşatılmış Tereyağı
- 3 yemek kaşığı Mürver Çiçeği Cordial
- 100 gr Çilek, doğranmış
- 160g Pudra Şekeri

TALİMATLAR:

a) Fırınınızı önceden 180°C'ye ısıtın ve 29 cm'lik kalıbınızı yağlayıp dizin.

b) Her iki unu, kabartma tozunu, bikarbonatı ve tuzu birleştirin. Kuru malzemeleri bir kenara koyun.

c) Ayrı bir kapta şekeri, tereyağını ve limon kabuğu rendesini iyice birleşene kadar çırpın. Yumurtaları birer birer çırpın ve ardından yoğurdu ekleyip karıştırın. Daha sonra bu karışımı kuru malzemelerle birleştirin.

ç) Karışımı yaklaşık 40 dakika veya altın kahverengiye dönene kadar pişirin. Pişip pişmediğini kontrol etmek için bir şiş veya kek test aleti kullanın; temiz çıkması gerekir. İşlem tamamlandıktan sonra mürver çiçeği şurubunu iki yemek kaşığı suyla karıştırın ve sıcak kekin üzerine gezdirin. Soğumaya bırakın.

d) Tereyağlı kremayı hazırlamak için çilekleri ve limon suyunu karıştırın, ardından orta-düşük sıcaklıkta ısıtın ve tamamen eriyene kadar karıştırın. Soğumaya bırakın; bu sizin 'reçeliniz' olacak.

e) Son olarak yumuşatılmış tereyağını soğumuş reçelinizle çırpın ve pudra şekeri ile pürüzsüz bir kıvam alana kadar karıştırın. Soğuyan kekinizin üzerine bu kremayı sürün ve üzerine çilek ve mürver çiçekleri ekleyin.

f) Lezzetli çilekli ve mürver çiçeği pastanızın tadını çıkarın; mükemmel bir yaz keyfi!

55.kukalar Çilekli cheesecake

TALİMATLAR:
TEMEL:
- 150g Sindirim Bisküvisi
- 95g Tuzsuz Tereyağı, eritilmiş

DOLGU:
- 400g Hafif Yumuşak Krem Peynir
- 40g Pudra Şekeri
- 1 yemek kaşığı Vanilya Ekstraktı
- 200ml Çift Krem
- 10 Kırmızı Skittles, Blitzed
- 1 yemek kaşığı Çilek Sosu

SÜSLEME:
- Dilimlenmiş Taze Çilek
- Kırmızı Skittles

TALİMATLAR:

a) Sindirim bisküvilerini blenderda kırıntı haline gelinceye kadar çırpın ve eritilmiş tereyağı ile karıştırın. Karışımı, sertleşene kadar çıkarılabilir tabanı olan 8 inçlik yuvarlak bir kalıbın tabanına bastırın. İç harcınızı hazırlarken soğuması için buzdolabına koyun.

b) Büyük bir kapta krem peyniri, pudra şekerini ve vanilya özünü elektrikli çırpma teli kullanarak 20 saniye veya pürüzsüz bir kıvam alana kadar çırpın. Daha sonra kremayı ekleyip koyulaşana kadar çırpın.

c) 10 adet kırmızı Skittles'ı ve çilek sosunu ekleyin. Soğuyan bisküvi tabanının üzerine cheesecake dolgusunu dökün ve küçük bir spatula ile tüm kenarlarının dolacağından emin olmak için düzeltin. En az 6 saat veya bir gece buzdolabında bekletin.

ç) (İsteğe bağlı) Cheesecake sertleştikten sonra üzerine taze çilekler ve dekorasyon için biraz kırmızı Skittles ekleyin.

56.Çilekli Kurabiye Tereyağlı Kurabiye

TALİMATLAR:
- 1 su bardağı tuzsuz tereyağı, yumuşatılmış
- 1 su bardağı toz şeker
- 1 büyük yumurta
- 1 çay kaşığı vanilya özü
- 2 ½ su bardağı çok amaçlı un
- ½ çay kaşığı kabartma tozu
- ¼ çay kaşığı tuz
- 1 su bardağı ince doğranmış taze çilek

TALİMATLAR:
a) Fırını önceden 350°F'ye (180°C) ısıtın.
b) Büyük bir kapta yumuşatılmış tereyağını ve şekeri hafif ve kabarık olana kadar krema haline getirin.
c) Yumurta ve vanilya özütünü iyice birleşene kadar çırpın.
ç) Ayrı bir kapta un, kabartma tozu ve tuzu birlikte çırpın.
d) Kuru malzemeleri yavaş yavaş ıslak malzemelere ekleyin ve yumuşak bir hamur oluşana kadar karıştırın.
e) Doğranmış çilekleri yavaşça katlayın.
f) Parşömen kağıdıyla kaplı bir fırın tepsisine yuvarlak yemek kaşığı hamur bırakın.
g) 10-12 dakika veya kenarları hafif altın rengi olana kadar pişirin.
ğ) Kurabiyeleri tel rafa aktarmadan önce birkaç dakika fırın tepsisinde soğumaya bırakın.

57.Çilekli Crunch Tres Leches Pastası

TALİMATLAR:
KEK:
- 1 Çilekli Kek Karışımı (Pişmiş ve Soğutulmuş)

ÇİLEK LECHE "SÜT" KARIŞIMI:
- 1 15 ons Kutu Buharlaştırılmış Süt
- ½ - 1 12 ons Yoğunlaştırılmış Süt Kutusu
- ½ - 1 bardak Tam Yağlı Süt
- 1 bardak Çilek

ŞARTLANMIŞ TEPSİ:
- 2 su bardağı Soğuk Ağır Krem
- ¼ - ½ su bardağı Pudra Şekeri

ÇİLEKLİ ÇITIR TİPİ:
- 1 - 1 ½ bardak Fırında Çilekli Çıtır Üst Malzeme (8 Pembe Çilekli Gofret ve 6 Altın Oreo'yu birleştirin, birlikte ufalanmış)

TALİMATLAR:
a) Çilekli kek karışımını 9x13'lük bir pişirme kabında belirtildiği gibi pişirin. Yaklaşık bir saat soğumaya bırakın.

ÇİLEK LEÇLERİ "SÜT" KARIŞIMI:
b) Bir blender veya mutfak robotunda çilekleri, yoğunlaştırılmış sütü, buharlaştırılmış sütü ve tam yağlı sütü pürüzsüz hale gelinceye kadar karıştırın. Karışımı buzdolabında saklayın.

c) İsteğe bağlı: Kek dilimleriyle servis yapmak için yaklaşık ½ bardak ayırın.

ŞARTLANMIŞ TEPSİ:
ç) Bir el veya stand mikseri kullanarak, soğuk ağır kremayı ve pudra şekerini sert zirveler oluşana kadar çırpın. Çırpılmış tepeyi buzdolabında saklayın.

BİRLEŞTİRMEK:
d) Soğuyan çilekli kekin üzerine çatal yardımıyla delikler açın.

e) Çilek likörü " süt" karışımının yarısını dökün ve emilmesini bekleyin (yaklaşık 5-8 dakika). Kalan yarısını dökün, plastik ambalajla örtün ve en az 4 saat veya gece boyunca buzdolabında saklayın.

f) Servis etmeye hazır olduğunuzda, pastayı çırpılmış tepesi ve çilekli çıtır parçacıklarla kaplayın. İstenirse taze çileklerle süslenebilir.

58.Çilekli Cheesecake Tart

TALİMATLAR:
- 1 su bardağı şeker
- 1 ½ bardak ağır krema
- ½ bardak tam yağlı süt
- 6 büyük yumurta
- ¼ çay kaşığı tuz
- 4 ons krem peynir, yumuşatılmış
- ½ su bardağı çilek püresi
- ¼ bardak graham kraker kırıntısı
- Servis için çırpılmış krema ve ilave graham kraker kırıntıları

TALİMATLAR:
a) Fırını önceden 325°F'ye ısıtın.
b) Orta boy bir tencerede şekeri orta ateşte ısıtın, sürekli karıştırarak eriyene ve altın kahverengiye dönene kadar pişirin.
c) Eritilmiş şekeri 9 inçlik bir turta kalıbına dökün, kalıbın altını ve yanlarını kaplayacak şekilde döndürün.
ç) Küçük bir tencerede ağır kremayı, tam yağlı sütü ve tuzu orta ateşte ısıtın ve kaynama noktasına gelene kadar sürekli karıştırın.
d) Ayrı bir kapta krem peyniri pürüzsüz olana kadar çırpın.
e) Çilek püresini ekleyin ve iyice birleşene kadar çırpın.
f) Yumurtaları teker teker ekleyin ve her eklemeden sonra iyice çırpın.
g) Graham kraker kırıntılarını iyice birleşene kadar karıştırın.
ğ) Karışımı ince delikli bir süzgeçten geçirin ve tart kalıbına dökün.
h) Kalıbı geniş bir fırın kabına yerleştirin ve kalıbın kenarlarının yarısına gelecek kadar sıcak su ile doldurun.
ı) 50-60 dakika veya turta sertleşene ve çalkalandığında hafifçe sallanana kadar pişirin.
i) Fırından çıkarın ve en az 2 saat veya gece boyunca soğutmadan önce oda sıcaklığına soğumaya bırakın.
j) Servis yapmak için kalıbın kenarlarına bıçak gezdirin ve servis tabağına ters çevirin. Krem şanti ve ilave graham kraker kırıntıları ile servis yapın.

59.Pişirmesiz Çilekli Limonata Kek

TALİMATLAR:
- 2 bardak graham kraker kırıntısı
- 1 su bardağı eritilmiş tereyağı
- 1 su bardağı çilek püresi
- 1 su bardağı krem şanti
- ½ su bardağı pudra şekeri
- 2 limonun kabuğu rendesi
- Garnitür için taze çilek

TALİMATLAR:
a) Bir karıştırma kabında graham kraker kırıntılarını ve eritilmiş tereyağını birleştirin. Kırıntılar kaplanana kadar karıştırın.
b) Kabuğu oluşturmak için kırıntı karışımının yarısını yuvarlak kek kalıbının veya kelepçeli kalıbın tabanına bastırın.
c) Ayrı bir kapta çilek püresini, krem şantiyi, pudra şekerini ve limon kabuğu rendesini iyice birleşene kadar karıştırın.
ç) Çilek karışımını kek kalıbındaki kabuğun üzerine dökün.
d) Karışımı eşit şekilde yayıp üstünü düzeltin.
e) En az 4 saat veya katılaşana kadar buzdolabında saklayın.
f) Servis yapmadan önce taze çileklerle süsleyin.

60.Pişirmesiz Çilekli Tartlet

TALİMATLAR:
- 1 ½ bardak graham kraker kırıntısı
- ⅓ bardak eritilmiş tereyağı
- 8 ons krem peynir, yumuşatılmış
- ½ su bardağı pudra şekeri
- 1 çay kaşığı vanilya özü
- 1 su bardağı taze çilek, dilimlenmiş

TALİMATLAR:
a) Bir kasede graham kraker kırıntılarını ve eritilmiş tereyağını iyice karışıncaya kadar birleştirin.
b) Kabuğu oluşturmak için kırıntı karışımını tartlet kalıplarının veya mini muffin kaplarının tabanına bastırın.
c) Ayrı bir kapta krem peyniri, pudra şekerini ve vanilya özünü pürüzsüz hale gelinceye kadar çırpın.
ç) Krem peynir karışımını tartlet kabuklarına dökün ve üstlerini düzeltin.
d) Her tartletin üzerine taze çilek dilimleri koyun.
e) Servis etmeden önce en az 1 saat buzdolabında bekletin.

61.Çilekli Kurabiye Lazanya

TALİMATLAR:
- 12 graham kraker
- 1 bardak ağır krema
- 8 ons krem peynir, yumuşatılmış
- ½ su bardağı pudra şekeri
- 1 çay kaşığı vanilya özü
- 2 su bardağı dilimlenmiş taze çilek
- Krem şanti ve ilave dilimlenmiş çilek (garnitür için)

TALİMATLAR:
a) Graham krakerlerini fermuarlı bir torbaya koyun ve oklava kullanarak ince kırıntılar halinde ezin.
b) Bir karıştırma kabında ağır kremayı sert zirveler oluşana kadar çırpın.
c) Başka bir karıştırma kabında krem peyniri, pudra şekerini ve vanilya özünü pürüzsüz hale gelinceye kadar çırpın.
ç) Çırpılmış kremayı krem peynir karışımına katlayın.
d) 8x8 inçlik bir pişirme kabının altını graham kraker kırıntılarının yarısı ile hizalayın.
e) Krem peynir karışımının yarısını graham kraker tabakasının üzerine yayın.
f) Dilimlenmiş çilekleri krem peynir tabakasının üzerine eşit şekilde yerleştirin.
g) Kalan graham kraker kırıntıları, krem peynir karışımı ve dilimlenmiş çileklerle katmanları tekrarlayın.
ğ) Üzerine bir parça çırpılmış krema ekleyin ve ilave dilimlenmiş çileklerle süsleyin.
h) Katmanların sertleşmesine izin vermek için servis yapmadan önce en az 2 saat buzdolabında saklayın.

62.Çilekli Cheesecake Popsicles

TALİMATLAR:
- 1 bardak (8oz/225g) krem peynir
- 3 yemek kaşığı şeker
- ⅔ bardak yoğurt
- 1 çay kaşığı vanilya özü
- 20 çilek (yaklaşık)
- 1 bardak graham kraker kırıntısı

TALİMATLAR:

a) Kasede krem peyniri, yoğurdu, vanilyayı ve şekeri çırpın. Bir kenara koy

b) Bir mutfak robotunda (veya blenderde), çilekleri topak kalmayacak şekilde püre haline getirin.

c) Küçük bir kapta graham kraker kırıntılarını ince kırıntılara kadar kırın

ç) Krem peynir karışımını, çilek püresini ve kurabiye kırıntılarını yavaşça katlayın

d) Karışımı dondurma kalıplarına eşit şekilde paylaştırın. Yoğun bir karışım olduğundan kalıbın aşağısına doğru hareket ettirmek için tezgaha hafifçe vurun. Her bardağın ortasına dondurma çubukları ekleyin.

e) Tamamen donuncaya kadar dondurucuya koyun, en az 4 saat.

63.Çilek ve Muhallebi Mooncake

TALİMATLAR:
AY KEK HAMURU:
- 100 gr pudra şekeri
- 60g Buğday nişastası
- 100g Yapışkan pirinç unu
- 100g Pirinç unu
- 460g Süt
- 60g Şekerli yoğunlaştırılmış süt
- 60g Bitkisel yağ

muhallebi DOLGU:
- 100g Sarısı (5 orta boy sarısı)
- 40g Mısır Nişastası
- 115g Pudra şekeri
- 480g Tam kremalı süt
- 40g Tereyağı
- 1 çay kaşığı Vanilya fasulyesi ezmesi
- Toz almak için 50g pişmiş buğday unu

TOPLANTI:
- 16-18 Küçük çilekler, sapı çıkarılmış ve istenilen büyüklükte kesilmiş

TALİMATLAR:
PİŞİRİLMİŞ TOZLANAN UNU İÇİN:
a) 50 gr buğday ununu bir tavaya koyun ve topaklaşana kadar 3 ila 5 dakika kısık ateşte karıştırın.
b) Pişen unu soğuması için bir tepsiye aktarın. Artıkları hava geçirmez bir kapta saklayın.

Muhallebi DOLGUSU İÇİN:
c) Sütü ve vanilyayı bir tencerede ısıtın. Yumurta sarılarını ve şekeri ayrı bir kapta çırpın. Çırpırken ılık sütü sarıların üzerine akıtın. Kısık ateşte 5-8 dakika koyulaşana kadar pişirin. Tamamen soğutun.
ç) Soğuyan muhallebiyi dondurma kaşığıyla alın, ortasına kesilmiş çilekleri bastırın ve tepsiye dizin. Montaja hazır olana kadar buzdolabında saklayın.

KARLI CİLT İÇİN:
d) Tüm kar derisi hamuru malzemelerini birlikte çırpın, yavaş yavaş soğuk süt ekleyin. Kapağını kapatıp 40-50 dakika kadar buharda pişirin.
e) Jelleşmiş kar derisini parçalara ayırın ve sıcakken ve elle tutulacak kadar soğukken kaseyi kazıyın.
f) Yağın karışması için eldivenli ellerle hamura masaj yapın. Buzdolabına sarıp soğutun.

TOPLANTI:
g) Soğuyan hamuru 16-18 parçaya bölün. Her birini pürüzsüz bir top haline getirin ve avuç içi arasında düzleştirin.
ğ) Ekstra kar derisi hamurundan küçük bir parça sıkıştırın, düzleştirin ve düzleştirilmiş hamurun ortasına bastırın.
h) Muhallebi dolgusunu uç tarafı merkeze gelecek şekilde yerleştirin, hamuru dolgunun etrafına sarın, dikişleri birbirine bastırın ve un içinde yuvarlayın.
ı) Ay keki kalıbına yerleştirin, hafifçe bastırın ve bırakın. Kalan hamur ve dolgular için aynı işlemi tekrarlayın.

64. Çikolata Kaplı Çilek Saksıları De Crème

TALİMATLAR:

KAVURULMUŞ ÇİLEKLER İÇİN:
- 1 pound taze çilek, kabukları soyulmuş ve yarıya bölünmüş
- 2 yemek kaşığı toz şeker
- 1 yemek kaşığı balzamik sirke (isteğe bağlı)

ÇİKOLATA POT DE CRÈME İÇİN
- 8 oz yarı tatlı veya bitter çikolata, ince doğranmış
- 4 büyük yumurta sarısı
- ¼ su bardağı toz şeker
- 1 çay kaşığı vanilya özü
- Bir tutam tuz
- 1 ½ bardak ağır krema
- ½ bardak tam yağlı süt

GARNİTÜR İÇİN (İSTEĞE BAĞLI):
- İlave taze çilek
- Krem şanti
- Çikolata rendesi veya rendelenmiş çikolata

TALİMATLAR:

a) Fırınınızı 200°C'ye (400°F) önceden ısıtın. Bir fırın tepsisini parşömen kağıdıyla hizalayın.

b) Bir karıştırma kabında, ikiye bölünmüş çilekleri toz şeker ve balzamik sirke (kullanılıyorsa) ile iyice kaplanana kadar karıştırın. Hazırlanan fırın tepsisine çilekleri tek kat halinde yayın.

c) Çilekleri önceden ısıtılmış fırında yaklaşık 15-20 dakika veya yumuşayıp suyunu salana kadar kavurun. Fırından çıkarıp soğumaya bırakın.

ç) Bu arada çikolata kaplarını kremayı hazırlayın. İnce doğranmış çikolatayı ısıya dayanıklı bir kaseye koyun.

d) Ayrı bir kapta yumurta sarılarını, toz şekeri, vanilya özütünü ve bir tutam tuzu iyice birleşene kadar çırpın.

e) Bir tencerede ağır kremayı ve tam yağlı sütü orta ateşte kaynamaya başlayıncaya kadar ısıtın. Kaynamadan hemen önce ocaktan alın.

f) Sıcak krema karışımını yavaşça doğranmış çikolatanın üzerine dökün, çikolata eriyene ve karışım pürüzsüz hale gelinceye kadar sürekli karıştırın.

g) Yumurtaların pıhtılaşmasını önlemek için sürekli çırparak çikolata karışımını yumurta sarılarının bulunduğu kaseye yavaş yavaş dökün.
ğ) Birleştirilmiş karışımı ince gözenekli bir elekten geçirerek bir sürahiye veya bir dökme sürahisine süzerek topakları giderin.
h) Fırınınızı 325°F'ye (160°C) önceden ısıtın.
ı) Bir fırın tepsisine altı adet 6 onsluk ramekin veya muhallebi bardağı düzenleyin. Kavrulmuş çilekleri ramekinlerin arasına paylaştırın.
i) Çikolata karışımını çileklerin üzerine dökün ve her ramekini neredeyse üstüne kadar doldurun.
j) Pişirme kabını ramekinlerle birlikte dikkatlice fırına aktarın. Pişirme kabını ramekinlerin kenarlarının yarısına kadar sıcak suyla doldurun ve bir su banyosu oluşturun.
k) Krema kaplarını su banyosunda yaklaşık 30-35 dakika veya kenarları sertleşene ancak ortaları hala hafifçe titreyene kadar pişirin.
l) Ramekinleri su banyosundan çıkarın ve oda sıcaklığına soğumalarını bekleyin. Daha sonra, her bir ramekini plastik ambalajla örtün ve soğuması ve sertleşmesi için en az 4 saat veya gece boyunca buzdolabında saklayın.
m) Servis yapmadan önce, her kremayı taze çilek, bir parça çırpılmış krema ve çikolata talaşı veya rendelenmiş çikolata ile süsleyebilirsiniz.
n) Enfes bir tatlı olarak zengin ve çürümüş Çikolata Kaplı Kavrulmuş Çilek Tencereleri de Crème'in tadını çıkarın!

65.Çilek ve Gül Yapraklı Kurabiye

TALİMATLAR:
- 2 fincan çok amaçlı un
- ¼ su bardağı toz şeker
- 1 yemek kaşığı kabartma tozu
- ½ çay kaşığı tuz
- ½ bardak tuzsuz tereyağı, soğuk ve küp şeklinde
- ¾ bardak ayran
- 1 çay kaşığı vanilya özü
- 2 su bardağı dilimlenmiş çilek
- Taze gül yaprakları (mutfakta kullanılabilir olduğundan emin olun)
- Servis için çırpılmış krema

TALİMATLAR:
a) Fırınınızı 220°C'ye (425°F) önceden ısıtın.
b) Büyük bir kapta un, şeker, kabartma tozu ve tuzu birlikte çırpın.
c) Soğuk küp tereyağını kuru malzemelere ekleyin. Tereyağını un karışımına kaba kırıntılara benzeyene kadar kesmek için bir pasta kesici veya parmaklarınızı kullanın.
ç) Karışımın ortasını havuz şeklinde açıp içine ayran ve vanilya özütünü dökün. Birleşene kadar karıştırın.
d) Hamuru unlu bir yüzeye alın ve bir araya gelinceye kadar birkaç kez hafifçe yoğurun.
e) Hamuru 1 inç kalınlığında bir yuvarlak haline getirin ve bisküvi kesici kullanarak kısa kekler kesin.
f) Kurabiyeleri parşömen kağıdıyla kaplı bir fırın tepsisine yerleştirin.
g) 12-15 dakika veya altın rengi kahverengi olana kadar pişirin.
ğ) Fırından çıkarın ve hafifçe soğumalarını bekleyin.
h) Kurabiyeleri yatay olarak ikiye bölün. İçlerini dilimlenmiş çileklerle doldurun ve üzerine taze gül yapraklarını serpin. Üzerine krem şantiyi ekleyip kekin diğer yarısını üstüne yerleştirin.
ı) Servis yapın ve tadını çıkarın!

66.Çilekli Kek Rulosu

TALİMATLAR:
YAPIŞTIRMAK İÇİN:
- 2 yemek kaşığı / 30 gr tuzsuz tereyağı, yumuşatılmış
- 2 ½ yemek kaşığı / 30 gr toz şeker
- ⅓ su bardağı / 40 gr elenmiş kek unu
- 1 büyük / 30 gr yumurta akı
- Gıda boyası

KEK İÇİN:
- 3 büyük yumurta, ayrılmış
- 6 yemek kaşığı / 75 gr toz şeker, bölünmüş
- 1 yemek kaşığı bitkisel yağ
- 1 ½ yemek kaşığı / 23 gr tam yağlı süt
- ½ çay kaşığı badem özü
- ½ çay kaşığı koşer tuzu
- ⅔ su bardağı / 67 gr elenmiş kek unu
- Gıda boyası

DOLDURMAK İÇİN:
- 1 su bardağı / 240 gr ağır krem şanti
- ¼ çay kaşığı aromasız toz jelatin
- ½ ons / 14 gr dondurularak kurutulmuş çilek
- 3 yemek kaşığı / 38 gr toz şeker
- 1 yemek kaşığı / 8 gr pudra şekeri

TALİMATLAR:

a) Fırını önceden 350 derece F'ye ısıtın. 15 x 10 inçlik jöle rulo tepsisini yağlayın, parşömen kağıdıyla hizalayın ve tasarımı ayarlamak için dondurun.

b) Tereyağı, şeker, un ve yumurta aklarını karıştırarak tasarım macununu hazırlayın. Kaselere bölün, gıda boyası ekleyin ve deseni parşömen üzerine sıkın. Donmak.

c) Bir karıştırma kabında yumurta sarısını, şekeri, bitkisel yağı, sütü, badem ekstraktını, tuzu ve gıda boyasını birlikte çırpın. Elenmiş kek ununu katlayın.

ç) Ayrı bir kapta yumurta aklarını şekerle orta sertlikte zirveler oluşuncaya kadar çırpın. Hamurun içine katlayın.

d) Hamuru dondurulmuş tasarımın üzerine dökün ve 10 dakika pişirin.

e) Sıcak keki üzerine pudra şekeri serpilmiş bir kurulama bezinin üzerine ters çevirin, parşömenini soyun ve pastayı yuvarlayın. Bir saat soğumaya bırakın.

f) İçi için jelatini suda eritin, dondurularak kurutulmuş çilekleri şekerle çırpın ve kremayı pudra şekeri ve çilek karışımıyla çırpın.

g) Pastayı açın, dolguyu yayın ve tekrar yuvarlayın. En az 2 saat buzdolabında bekletin.

ğ) İsteğe bağlı olarak rulonun şeklini korumak için bir karton tüp kullanın. Servis yaparken keskin tırtıklı bir bıçakla dilimleyin.

67. Limonlu Çilekli Cheesecake Bundt Kek

TALİMATLAR:
PEYNİRLİ KEK DOLGUSU:
- 8 ons krem peynir
- ½ su bardağı toz şeker
- 1 yumurta
- 1 çay kaşığı vanilya özü
- 2 çay kaşığı çok amaçlı un

KEK TABANI:
- 2 fincan çok amaçlı un
- 1 çay kaşığı kabartma tozu
- ½ çay kaşığı koşer tuzu
- 1 su bardağı tuzsuz tereyağı
- 1 ⅔ su bardağı toz şeker
- 4 yumurta
- ½ yemek kaşığı vanilya özü
- ⅔ bardak süt

ANAHTAR KİREÇ KEK:
- 1 limon suyu
- 2 limon kabuğu rendelenmiş
- Yeşil gıda boyası

ÇİLEKLİ PASTA:
- ½ bardak çilek, kabuğu soyulmuş ve doğranmış
- Pembe gıda boyası

ÇİLEK LİME SIRASI:
- 4 ons krem peynir
- ½ su bardağı elenmiş pudra şekeri
- 3 yemek kaşığı limon suyu
- ½ çay kaşığı limon kabuğu rendesi
- 2 adet çilek, kabuğu soyulmuş ve doğranmış

TALİMATLAR:
PEYNİRLİ KEK DOLGUSU:
a) Elektrikli karıştırıcının kasesinde krem peyniri ve şekeri iyice birleşene kadar çırpın. İyice birleşene kadar yumurtayı, vanilyayı ve unu ekleyin. Bir kenara koyun.

KEK TABANI:

b) Fırını önceden 325 derece F'ye ısıtın ve 10 fincanlık Heritage tepsiyi pişirme spreyi ile yağlayın.
c) Orta boy bir kapta un, kabartma tozu ve tuzu çırpın. Bir kenara koyun.
ç) Bir stand mikserinde, tereyağını ve şekeri orta-yüksek hızda soluk ve kabarık olana kadar 4-5 dakika kremalayın.
d) Yumurtaları teker teker karıştırın, her eklemeden sonra tamamen birleştirin. Vanilyayı ekleyin.
e) Mikserin düşük hızıyla, un karışımını dönüşümlü olarak sütle ekleyin ve birleşene kadar karıştırın.
f) Hamuru 2 kaseye ayırın. Birine limon suyu, kabuğu rendesi ve yeşil gıda boyasını, diğerine taze çilek ve pembe gıda boyasını katlayın.
g) 2 adet hamur torbası hazırlayın ve her birini hamurlardan biriyle doldurun. Hamuru, renkleri değiştirerek demet tepsisinin kıvrımlarına sıkın, diğer kıvrımlara dökülmemesine dikkat edin.
ğ) Katlar doldurulduktan sonra tavayı yarısına kadar doldurmaya devam edin.
h) Cheesecake dolgusunu hamurun ortasına dökün, tavanın kenarlarına değmesine izin vermeyin. Kalan hamuru alternatif katmanlar halinde sıkın ve istenirse mermerle kaplayın. Hamuru eşit şekilde yayın.
ı) 55-60 dakika veya kürdan temiz çıkana kadar pişirin.
i) Fırından çıkarın ve tavayı 10-15 dakika boyunca soğutma rafına aktarın. Pastayı tezgaha hafifçe vurarak gevşetin, ardından pastayı tamamen soğuması için bir soğutma rafına çevirin.

ÇİLEK LİME SIRASI:
j) Krem peyniri ve pudra şekerini küçük bir kapta birleştirin. Krema için bir karıştırıcı kullanın, iyice birleşene kadar karıştırın.
k) Limon suyunu, kabuğu rendesini ve doğranmış çilekleri bir havanda veya bir bardağın dibinde karıştırın. Krem peynir karışımına karıştırın, gerekirse daha fazla limon suyu ekleyerek inceltin.
l) Sıcak kekin üzerine glazürü dökün. Dilimlenmiş çilek ve limon kabuğu rendesi ile süsleyin.

68.Çilekli Kurabiye Şifon Cupcakes

TALİMATLAR:
KAPKEK:
- ⅞ su bardağı kek unu
- 6 yemek kaşığı toz şeker
- 1 çay kaşığı kabartma tozu
- ⅛ çay kaşığı tuz
- 4 büyük yumurta sarısı
- ¼ bardak bitkisel yağ
- ⅓ bardak su
- ½ çay kaşığı vanilya özü
- 3 büyük yumurta akı, oda sıcaklığında
- 3/16 çay kaşığı tartar kreması
- ¼ su bardağı toz şeker

DOLGU:
- 2½ su bardağı doğranmış çilek
- 2½ yemek kaşığı toz şeker
- 1¼ yemek kaşığı mısır nişastası
- 1¼ yemek kaşığı su

SÜSLEME:
- 2 su bardağı ağır krema, soğuk
- 1 çay kaşığı vanilya özü
- 2 yemek kaşığı pudra şekeri

TALİMATLAR:
KAPKEK:
a) Fırını 350°F'ye ısıtın. Cupcake kalıplarını kağıt astarlarla kaplayın veya pişirme spreyi püskürtün. Bir kenara koyun.
b) Unu, 6 yemek kaşığı şekeri, kabartma tozunu ve tuzu geniş bir kaseye eleyin. Bir kenara koyun.
c) Küçük bir kapta yumurta sarısını, yağı, suyu ve vanilyayı birlikte çırpın. Bir kenara koyun.
ç) Çırpma aparatı ile donatılmış bir elektrikli karıştırıcıyla, yumurta aklarını ve tartar kremasını köpürene kadar çırpın. Çırpmaya devam ederken ¼ bardak şekeri akıtın. Sert zirvelere kadar çırpın. Bir kenara koyun.
d) Islak malzemeleri kuru malzemelerin üzerine dökün ve pürüzsüz hale gelinceye kadar çırpın.
e) Beze katlayın.
f) Hamuru hazırlanan kalıplara paylaştırmak için 3 yemek kaşığı kurabiye kepçesi kullanın.
g) Açık altın rengi kahverengi olana kadar 18-20 dakika pişirin. Soğuması için bir kenara koyun.

DOLGU:
ğ) Tüm malzemeleri orta boy bir tencerede birleştirin.
h) Şeker eriyene ve karışım koyulaşana kadar, yaklaşık 2-3 dakika, orta-düşük ateşte pişirin ve karıştırın.
ı) Soğuması için bir kenara koyun.

ŞANTİLLİ KREM:
i) Tüm malzemeleri orta boy bir kapta birleştirin.
j) Orta sertlikte zirvelere kadar çırpma aparatı ile donatılmış bir elektrikli karıştırıcı ile çırpın.

TOPLANTI:
k) Çekirdek kekler.
l) Her keki 1 yemek kaşığı dolguyla doldurun.
m) Keklerin üst kısımlarını değiştirin.
n) Üzerine Chantilly kremasını sıkın veya yayın.

69.Çilekli Şifon Cheesecake Parfe

TALİMATLAR:
DOLGU İÇİN:
- 1 ¼ çay kaşığı Aromasız Jelatin (Paketin yarısı)
- ⅔ bardak Ananas Suyu
- 8 onsluk paket Yağsız Krem Peynir, oda sıcaklığında yumuşatılmış VEYA 24 saat boyunca süzülmüş yoğurt
- 42 gram Dondurularak Kurutulmuş Çilek (yaklaşık 1 bardak), toz haline getirilmiş
- 4 Yemek Kaşığı Toz Şeker
- 2 Büyük Yumurta, ayrılmış
- ¼ çay kaşığı Koşer Tuzu

KABUĞU İÇİN:
- 20 Graham Kraker (5 Yaprak), kırıntı haline getirilmiş
- 1 Yemek Kaşığı Esmer Şeker
- 1 Yemek Kaşığı Tereyağı, eritilmiş
- 2 tutam Kaşer Tuz

TALİMATLAR:
GRAHAM CRACKER KABUK İÇİN:
a) Graham kraker kırıntılarını, şekeri ve eritilmiş tereyağını birleştirin.
b) Birleştirmek ve hava geçirmez bir kapta saklamak için iyice karıştırın.

DOLGU İÇİN:
c) Dondurularak kurutulmuş çilekleri bir mutfak robotunda veya blenderde ince bir toz haline gelinceye kadar işleyin. Bir kenara koyun.
ç) Yumuşatılmış krem peyniri, kürekli karıştırıcı ile donatılmış bir kapta çırpın. Çilek tozunu ekleyin ve kremsi ve pürüzsüz hale gelinceye kadar yüksek hızda çırpın.
d) Küçük bir tencerede jelatin ve ananas suyunu birleştirin. Yaklaşık 5 dakika kadar çiçeklenmeye bırakın.
e) Ayrı bir kapta yumurta aklarını sert tepecikler oluşuncaya kadar çırpın. Bir kenara koyun.
f) Düşük ateşte jelatin karışımını tamamen eriyene kadar karıştırın. Ateşten alın.
g) Başka bir kapta yumurta sarılarını ve şekeri, sarıları açık sarı oluncaya kadar çırpın.

ğ) Yumurta sarısını yumuşatmak için, çırpma sırasında çırpma işlemini önlemek için sıcak jelatin karışımından az miktarda yavaş yavaş ekleyin.
h) Temperlenmiş yumurta sarısı karışımını kalan jelatin karışımıyla birlikte tencereye karıştırın. Karışım hafif koyulaşana kadar (yaklaşık 3-5 dakika) sürekli karıştırarak orta-düşük ateşte pişirin.
ı) Düşük hızda, yavaş yavaş jelatin karışımının yaklaşık ⅓'ünü krem peynir karışımına ekleyin. Tüm jelatin eklenene kadar tekrarlayın. Kaseyi mikserden çıkarın.
i) Tamamen karışıncaya kadar sert yumurta aklarını yavaşça katlayın.

PARFÜMLERİN MONTAJI İÇİN:
j) Her servis kabına yaklaşık ½ bardak şifon dolgusunu kaşıkla dökün.
k) Kalan parfeler için de aynı işlemi tekrarlayın.
l) Sertleşene kadar buzdolabında yaklaşık 1 ila 1 ½ saat bekletin.
m) Servis yapmadan önce üzerine 1 yemek kaşığı Graham Cracker Crust serpin ve doğranmış taze çileklerle süsleyin.
n) Baharı karşılamak için mükemmel bir ikram olan bu enfes Çilekli Şifon Cheesecake Parfe'lerin tadını çıkarın!

70.Çilek ve Kremalı Ekler

TALİMATLAR:
ECLAIRS İÇİN:
- 80 gram (⅓ su bardağı) su
- 80 gram (⅓ su bardağı) tam yağlı süt
- 72 gram (5 yemek kaşığı) tuzsuz tereyağı
- 3 gram (¾ çay kaşığı) ince şeker
- 2½ gram (½ çay kaşığı) tuz
- 90 gram (¾ su bardağı) beyaz ekmek unu
- 155 gram (5 ½ ons) çırpılmış yumurta (3 orta boy yumurta)

DOLDURMAK İÇİN:
- 300 mililitre (1 ¼ su bardağı) krema
- 1 yemek kaşığı ince şeker
- 1 çay kaşığı vanilya
- Toz şeker, toz haline
- 8 ila 10 çilek, dilimlenmiş

TALİMATLAR:
ECLAIR'LER İÇİN:
a) Orta ateşteki bir tencerede su, süt, tereyağı, ince şeker ve tuzu birleştirin. Karışımı hafif bir kaynama noktasına getirin (yaklaşık 1 dakika).
b) Kaynayınca unu ekleyin ve parlak bir hamur topu oluşana kadar (yaklaşık 2 dakika) sürekli karıştırın.
c) Hamuru büyük bir kaseye aktarın ve 2 dakika soğumasını bekleyin.
ç) Çırpılmış yumurtalı karışımın dörtte birini yavaş yavaş ekleyerek tahta kaşıkla homojen oluncaya kadar karıştırın.
d) Hamur damlama aşamasına gelene kadar (3 saniyede kaşıktan düşene kadar) yumurtayı yavaş yavaş eklemeye devam edin. Karışımın çok akışkan olmamasına dikkat edin.
e) Hamuru Fransız yıldız uçlu sıkma torbasına aktarın. Silikon mat veya parşömen kağıdıyla kaplı bir fırın tepsisine on adet 5 inçlik hamur hattını sıkın. 20 dakika dondurun.
f) Fırını önceden 205 derece C/400 derece F'ye ısıtın.
g) Ekleri eklemeden hemen önce, buhar oluşturmak için fırının dibine 2 yemek kaşığı su ekleyin. Ekleri hemen fırına yerleştirin, sıcaklığı 160 derece C/320 derece F'ye düşürün ve altın kahverengi olana kadar (30 ila 35 dakika) pişirin. Soğumaya bırakın.

DOLGU İÇİN:
ğ) Krema, ince şeker ve vanilyayı çok yumuşak zirveler oluşana kadar birlikte çırpın.
h) Karışımı, Fransız yıldız uçlu ağızlık veya başka bir dekoratif uç takılmış sıkma torbasına aktarın.

TOPLANTI:
ı) Üst ve alt kabukları oluşturmak için soğutulmuş ekler kabuklarını uzunlamasına ikiye bölün.
i) Üst kabukları hafifçe pudra şekeri ile tozlayın.
j) Alt kabukların üzerine dilimlenmiş çilekleri yerleştirin ve üzerine çırpılmış kremayı dönen bir hareketle sıkın.
k) Üst kabukları kremanın üzerine yerleştirin, ardından üstlerine küçük parçalar halinde biraz daha çırpılmış krema sıkın ve ilave taze çileklerle süsleyin.

71.Ravent Gülü ve Çilek Fıstıklı Galettes

TALİMATLAR:
FISTIKLI BÖREK KABUK
- 1 su bardağı soğuk, tuzsuz tereyağı (2 çubuk)
- 2 ½ su bardağı çok amaçlı un
- 2 yemek kaşığı toz şeker
- 2 çay kaşığı tuz
- ¼ bardak buz gibi soğuk votka
- 2-4 yemek kaşığı buz gibi soğuk su
- ½ su bardağı ince kıyılmış Antep fıstığı (tuzsuz)

Ravent GÜLLERİ
- 3 sap ravent
- 1 ½ su bardağı şeker
- 1 ½ su bardağı su
- 3-5 damla gül özü

ÇİLEK DOLGU
- 1 litre taze çilek (dilimlenmiş)
- 1 limon kabuğu rendesi ve suyu
- ½ bardak) şeker
- 1 yemek kaşığı tapyoka nişastası

YUMURTA YIKAMA
- 1 yumurta
- 2-3 yemek kaşığı köpüklü şeker (veya ham şeker)
- Pişirme Modu Ekranınızın kararmasını önleyin

TALİMATLAR:
FISTIKLI BÖREK KABUK

a) Bir mutfak robotunda, antep fıstıklarını yaklaşık 1 yemek kaşığı unla birlikte ince bir şekilde doğranana kadar çekin. Bir kaseye aktarın ve bir kenara koyun.

b) Tereyağını ¼"- ½" küpler halinde kesin ve birkaç dakika sertleşmesi için buzdolabına veya dondurucuya geri koyun.

c) Unu, şekeri ve tuzu kenarları yüksek bir karıştırma kabına koyun ve birlikte çırpın.

ç) Mutfak robotunuz varsa pasta hamurunu karıştırmak için kullanabilirsiniz.

d) Un karışımını ve küp tereyağını mutfak robotuna yerleştirin. Un ipeksi kıvamdan unlu kıvama gelinceye kadar yavaşça nabız atın;

bu sadece bir avuç dolusu darbe alacaktır, bu yüzden dikkatli izleyin.

e) Darbeli olarak, votkayı birleşene kadar yavaşça besleme tüpünden dökün. Bu noktada, küçük bir avuç dolusu toplayarak hamurun hidrasyon seviyesini kontrol etmek için ufalanan hamuru büyük bir karıştırma kabına dönüştürmeyi seviyorum; eğer bir arada duruyorsa hazırdır. Kuru veya ufalanmışsa, kalan suyu her seferinde 1 çorba kaşığı olacak şekilde yavaşça ekleyin. Hamuru ara sıra sıkıştırarak test edin.

f) Hamur birbirine yapışmaya başladığında doğranmış antep fıstıklarını tamamen karışana kadar katlayın.

g) Hamuru daha küçük 6 inçlik galetler için dört disk veya daha büyük 10 inçlik galetler için iki disk halinde şekillendirin ve bunları tek tek plastikle sarın.

ğ) Yuvarlayıp şekillendirmeden önce en az 1 saat soğutun.

Ravent GÜLLERİ

h) Küçük bir soyma bıçağıyla ravent saplarını uzunlamasına, yaklaşık ⅛ inç kalınlığında ince, uzun şeritler halinde dikkatlice dilimleyin.

ı) Geniş tabanlı bir tencereye su ve şekeri ekleyin ve orta-alçak ateşte kaynamaya bırakın. Şeker tamamen eriyene kadar çırpıyoruz. Daha sonra birkaç damla gül ekstresini karıştırın.

i) Ravent şeritlerini gruplar halinde ekleyin ve yumuşak ve esnek hale gelinceye kadar, ancak yapışkan hale gelmeden önce yaklaşık 45 saniye orta-düşük ateşte pişirin. Kağıt havlularla kaplı bir fırın tepsisine aktarın.

j) Kurdeleler soğuduktan sonra gülleri şekillendirmeye başlayabilirsiniz. Bir ucunu baş parmağınız ve işaret parmağınız arasında tutarak başlayın, ardından bir gül şekli oluşana kadar işaret parmağınızın etrafına sıkıca sarın. Yaklaşık ½ inçlik şerit kaldığında, gülün şeklini korumak için yavaşça ortasından geçirin. Gülleri tekrar fırın tepsisine yerleştirin. Tüm şeritlerle aynı işlemi tekrarlayın.

ÇİLEK DOLGU

k) Çilekleri ¼"-½" yuvarlak dilimleyin ve bir karıştırma kabına yerleştirin.

l) Bir limonun kabuğunu ve suyunu ekleyin, üzerine şeker serpin ve kaplayın. Tapyoka nişastasını karıştırın ve 15 dakika bekletin.

GALETLERİN OLUŞTURULMASI

m) Daha küçük hamur disklerini 8" turlara veya daha büyük diskleri yaklaşık ⅛" - ¼" kalınlığında 12"-14" turlara yuvarlayın.

n) Çilekleri, küçük galetler için 2 inçlik bir kenarlık veya daha büyük galetler için 3 inçlik bir kenarlık bırakarak, hamur turlarının ortasına yavaşça eşit bir şekilde dağıtın.

o) Kenarı dikkatli bir şekilde yukarıya ve dolgunun üzerine kaldırın ve katlayın, böylece hamurun siz katlarken 2 "aralıklarla doğal olarak kıvrılmasını sağlayın. Siz ilerledikçe yaklaşık 8 kez katlanmalıdır.

ö) Açıkta kalan çilek karışımının üzerine bir buket ravent gülü ekleyin.

p) Galetleri, pişirme kağıdı serili fırın tepsisine, iki küçük galet /yaprak veya bir büyük galet /yaprak üzerine yerleştirin.

r) Fırını önceden 375°'ye ısıtın ve fırın ön ısıtma yaparken galetleri 10-15 dakika soğutun.

s) Yumurtaları küçük bir kapta birlikte çırpın. Karışımı hamurun üzerine hafifçe fırçalayın ve üzerine köpüklü şeker serpin.

ş) Tavaları yarıya kadar çevirerek 35-40 dakika pişirin. Kabuk koyu altın renginde olmalı ve meyve yumuşak olmalıdır.

t) Servis etmeden önce soğumasını bekle. Renk ve çıtırlık katmak için birkaç tam fıstık serpin. Servis yapmak için takozlar halinde dilimleyin.

u) galette için küçük bir teneke folyo çadırı yapın ve ilk 25 dakika boyunca meyveli orta kısmı örtün (hamurun kenarını açıkta bırakın). Pişirmenin son 10 dakikasında çadırları çıkarın.

72.Nane Çilek Posset

TALİMATLAR:

- 1 su bardağı taze çilek
- 4 yemek kaşığı toz şeker
- 1 çay kaşığı ince kıyılmış nane
- 3 yemek kaşığı Guinness Stout
- 200 gr çift krema

TALİMATLAR:

a) Çileklerinizi dilimleyin ve tamamen püre haline gelinceye kadar nane ile karıştırın. Bunu bir kenara bırakın.
b) Bir tencereye çift kremanızı ekleyin.
c) Duble kremaya toz şekerinizi ve üç yemek kaşığı Guinness'i ekleyin.
ç) Yaklaşık 4 dakika kaynamaya bırakın, ardından püre haline getirdiğiniz çilekleri ekleyin.
d) Tadı çok daha profilli ve lezzetli hale getirmek için nane ekleyin. 2 dakika daha kaynatıp ocaktan alın.
e) Bunu bir kadehe koyun ve dondurucunuzda yaklaşık 2 saat veya katılaşana kadar katılaşmasına izin verin.
f) Ayarlandıktan sonra, her şeyi birbirine bağlamak ve servis yapmak için daha fazla taze çilek ve birkaç taze nane yaprağı ile süsleyin.

73.Cheesecake Dolgulu Çilekli Kek Karışımı Kurabiye

TALİMATLAR:
DOLGU:
- 6 ons krem peynir, yumuşatılmış
- ½ su bardağı pudra şekeri
- ½ çay kaşığı vanilya özü

KURABİYE:
- 1 (15 ons) paket çilekli kek karışımı
- ¼ bardak çok amaçlı un, kepçeyle alınmış ve düzleştirilmiş (35g)
- ½ bardak tuzlu tereyağı, eritilmiş (1 çubuk)
- 2 büyük yumurta
- Yarım su bardağı pudra şekeri (yuvarlamak için)

TALİMATLAR:
CHEESECAKE DOLGUSUNUN HAZIRLANIŞI:
a) Orta boy bir kapta, krem peyniri, pudra şekerini ve vanilyayı birleşene kadar orta-düşük seviyede karıştırmak için bir el mikseri kullanın.
b) Parşömen kağıdıyla kaplı bir fırın tepsisine veya tabağa krem peynir karışımından 2-3 çay kaşığı büyüklüğünde küçük yığınlar koyun. 15 dakika dondurun.
c) Fırını önceden 350°F'ye ısıtın.
ç) İki fırın tepsisini parşömen kağıdıyla hizalayın.

KURABİYE HAMURUNUN HAZIRLANIŞI:
d) Büyük bir kapta, çilekli kek karışımını, unu, yumurtaları ve eritilmiş tereyağını orta-düşük seviyede birleşene kadar karıştırın.
e) Çalışmayı kolaylaştırmak için hamuru 5-10 dakika buzdolabında bekletin.

ÇEREZLERİ BİRLEŞTİRİN VE ŞEKİLLENDİRİN:
f) Hamuru porsiyonlara ayırmak için 2 yemek kaşığı kurabiye kepçesi kullanın.
g) Her hamur topunun ortasına bir krater açın ve ortasına dondurulmuş krem peynir dolgusundan bir parça yerleştirin.
ğ) Hamuru dolgunun etrafından yukarı kaldırın ve elinizde kısa bir süre yuvarlayarak kapatın, böylece pişirme sırasında dolgunun dışarı sızmamasını sağlayın.
h) Her hamur topunu cömertçe kaplamak için pudra şekeri içinde yuvarlayın.

PİŞMEK:
ı) Çerezlerin yayılmasını sağlamak için kaplanmış hamur toplarını hazırlanan fırın tepsilerine 2 inç aralıklarla yerleştirin.
i) 9-11 dakika kadar veya kurabiyelerin üst kısmı çatlayıp kuruyana ve alt kısmı kahverengileşmeye başlayana kadar pişirin.
j) Fırın tepsisinde 5 dakika soğutun, ardından soğutma rafına aktarın.
k) Tüm kurabiyeleri aynı gün servis etmeyecekseniz, buzdolabında büyük bir plastik torba içinde saklayın ve kapatmadan önce tüm havayı sıkın.

74.Godiva Çilekli Turta

TALİMATLAR:
- 2 zarf aromasız jelatin
- ½ su bardağı soğuk su
- 3 yumurta sarısı
- ½ bardak) şeker
- ¼ çay kaşığı tuz
- ½ bardak süt, haşlanmış
- 1 çay kaşığı vanilya özü
- 10 ons çilek, dondurulmuş, şekersiz, püre haline getirilmiş
- 2 bardak Godiva Likörü (bölünmüş)
- 1 bardak ağır krema
- 1 9 inçlik pandispanya
- 1 litre taze çilek, kabukları soyulmuş
- Krem şanti (süslemek için)

TALİMATLAR:
a) Jelatini soğuk suda yumuşatarak başlayın ve ardından bir kenara koyun.
b) Benmari usulü yumurta sarısını, şekeri, tuzu ve haşlanmış sütü, karışım hafif koyulaşana kadar pişirin. Bu işlem sırasında sürekli karıştırın.
c) Karışımı ocaktan alın, yumuşatılmış jelatini ekleyin ve jelatin tamamen eriyene kadar karıştırın.
ç) Karışıma vanilya özü, çilek püresi ve 1½ bardak Godiva Likörü ekleyin. Hafifçe kalınlaşıncaya ve bir kaşık üzerine topaklanıncaya kadar soğutun.
d) Ağır kremayı sert tepeler oluşana kadar çırpın ve ardından çilek karışımına yavaşça katlayın. Bu karışımı bir kenara koyun.
e) Turtayı birleştirmek için pandispanyayı yağlanmış 9 inçlik yaylı bir tavaya yerleştirin. Üzerine ½ bardak Godiva Likörü serpin.
f) Pastayı kabuklu tarafı aşağı bakacak şekilde bütün çileklerle kaplayın.
g) Çileklerin üzerine çilekli mus karışımını ekleyin.
ğ) Tortu servis etmeden önce birkaç saat buzdolabında saklayın.
h) Godiva Çilekli Torte'yi çırpılmış krema ve taze çileklerle süsleyin.
ı) Enfes Godiva Çilekli Torte'nizin tadını çıkarın!

75.Lavanta Kremalı Mini Çilekli Tart

TALİMATLAR:
LİMON-LAVANTA KREMASI İÇİN:
- 16 ons sade yağsız yoğurt
- 3 ila 4 yemek kaşığı şeker (tadına göre ayarlayın)
- 2 çay kaşığı limon kabuğu rendesi
- Birkaç damla portakal özü veya çiçek suyu
- 1 çay kaşığı kurutulmuş lavanta

ÇİLEKLİ BÖREKLER İÇİN:
- 16 wonton sarmalayıcı (her biri 3 inç)
- Tereyağı aromalı pişirme spreyi
- 16 büyük olgun çilek (yaklaşık 2 bardak)
- 2 yemek kaşığı kırmızı kuş üzümü jölesi, 1 yemek kaşığı su ile eritilmiş
- 2 yemek kaşığı kıyılmış antep fıstığı

TALİMATLAR:
LİMON-LAVANTA KREMASI İÇİN:
a) Yoğurt "peynir" oluşturmak için yoğurdu 6 saat boyunca süzün. Yoğurt peynirini geniş bir karıştırma kabına aktarın.
b) Şekeri (3 yemek kaşığı ile başlayın ve damak tadınıza göre ayarlayın), limon kabuğu rendesini, portakal ekstraktını veya çiçek suyunu ve kurutulmuş lavantayı çırpın. İyice birleşene kadar karıştırın. Bir kenara koyun.

ÇİLEKLİ BÖREKLER İÇİN:
c) Fırınınızı önceden 400 derece F'ye (200°C) ısıtın.
ç) Küçük (2 inç) yivli kalıplara pişirme spreyi püskürtün. Kalıpları tamamen kapladıklarından emin olarak kalıpları wonton ambalajlarıyla hizalayın.
d) Hamur işi kabuklarının içlerine pişirme spreyi sıkın ve önceden ısıtılmış fırında, gevrek ve altın rengi kahverengi olana kadar yaklaşık 6 ila 8 dakika pişirin. Kalıplardan çıkarıp tel ızgara üzerinde soğutun.
e) Çilekleri, her bir meyvede birkaç paralel dilim (yaklaşık ⅛ inç aralıklarla) keserek, sivri uçtan başlayıp meyvenin yarısına kadar dilimleyerek hazırlayın. Her çileği parmaklarınızla yavaşça havalandırın. Bu adımı önceden yapabilirsiniz.
f) Servis yapmak için her tartlet kabuğuna 2 yemek kaşığı limon-lavanta kreması koyun.
g) Her tartletin üzerine serpilmiş bir çilek koyun ve çileği eritilmiş kırmızı kuş üzümü jölesi ile fırçalayın.
ğ) Her tartletin üzerine kıyılmış antep fıstığı serpin.
h) Lokma büyüklüğündeki çilekli tartları limon-lavanta kremasıyla hemen servis edin ve afiyetle yiyin!
ı) Bu enfes mini turtalar, çiçeksi lavanta ve narenciye limonunun dokunuşuyla tatlı ve keskin bir ikramdır.

76.Çilek Ayna Sırlı Bavarois

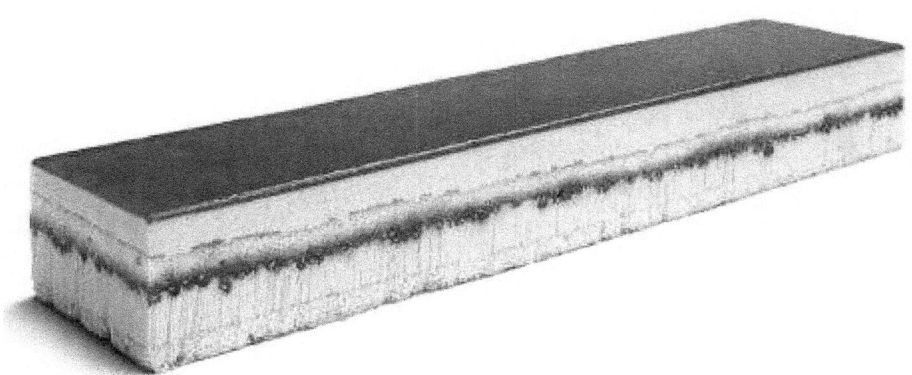

TALİMATLAR:
BADEM FONDANI İÇİN:
- 80 gr pudra şekeri
- 2 yumurta
- 80 gr badem tozu
- 50 gr eritilmiş tereyağı
- Bir miktar rom

AHUDUDU BAVARI İÇİN:
- 300 gr ahududu
- 6g tabaka jelatin
- 200ml çok soğuk tam krem
- 80 gr pudra şekeri
- 1 yemek kaşığı pudra şekeri

ÇİLEK AYNASI İÇİN:
- 130 gr çilek
- 90 gr pudra şekeri
- 3½g jelatin yaprağı

TEÇHİZAT:
- 20 ila 22 cm çapında tatlı dairesi (4½ cm yüksekliğinde)
- Karıştırma kabı
- Tava

TALİMATLAR:
BADEM FONDAN:
a) Bir karıştırma kabında veya mutfak robotunda bütün yumurtaları ve şekeri birleştirin.
b) Karışıma badem tozu, eritilmiş tereyağı ve bir miktar rom ekleyin.
c) Bu karışımı tatlı kalıbına dökün ve 180°C'de (termostat 6) 20 dakika pişirin.
ç) Fondan kalıbın içinde soğumaya bırakın, ardından bir bıçak kullanarak yavaşça kalıptan çıkarın.
d) Bademli fondanı servis tabağına yerleştirin ve Bavyera kremasının sızmasını önlemek için çapını hafifçe azaltarak tatlı dairesini etrafına yeniden konumlandırın.

Ahududu Bavyera:
e) Ahududuları çözdürün ve karıştırın. Çekirdeklerini çıkarmak için püreyi süzgeçten geçirin.
f) Jelatini soğuk suya batırın.
g) Ahududu püresini şekerle birlikte bir tencerede ısıtın. İyice süzülmüş jelatini ekleyin ve eriyene kadar karıştırın. Soğumaya bırakın.
ğ) Tüm kremayı sert zirveler oluşuncaya kadar çırpın. Pudra şekerini ekleyip tekrar çırpın.
h) Soğuyan ahududu püresini çırpılmış kremaya spatula yardımıyla yavaşça katlayın.
ı) Bu karışımı tatlı çemberindeki bademli fondan üzerine yayın.
i) En az 2 saat buzdolabında bekletin.

ÇİLEK AYNA:
j) 2 saat sonra çilek aynasını hazırlayın. Jelatini soğuk suda yumuşatın.
k) Çilekleri karıştırın ve karışımı bir elek ile süzün.
l) Bir tencerede çilek püresini ve şekeri birleştirin ve hafifçe ısıtın.
m) Ateşten alın ve süzülmüş jelatini ekleyin, tamamen eriyene kadar karıştırın. Soğumaya bırakın.
n) Çilek aynasını ahududu bavarois'in üzerine eşit şekilde dağıtın .
o) En iyi sonuçları elde etmek için en az 2 saat veya gece boyunca buzdolabında saklayın.

77.Çilek Fıstıklı Mille-Feuillantines

TALİMATLAR:
GOFRETLER
- ½ su bardağı kabuklu doğal fıstık
- ¼ bardak Çok amaçlı un
- ½ su bardağı toz şeker
- ¼ çay kaşığı Tuz
- 2 büyük yumurta akı
- 5 yemek kaşığı Tuzsuz tereyağı, eritilmiş
- ¼ çay kaşığı Vanilya

KREM ŞANTİ
- 1 vanilya çekirdeği, uzunlamasına kesilmiş
- 1 bardak Soğutulmuş ağır krema
- 3 yemek kaşığı toz şeker

HİZMET ETMEK
- 1 kilo Küçük çilek
- Toz almak için şekerleme şekeri
- 4 küçük çilek ve kıyılmış fıstık

TALİMATLAR:
GOFRET YAPIN:
a) Fırını önceden 325° F'ye ısıtın ve ağır veya yapışmaz bir fırın tepsisine pişirme spreyi sıkın veya parşömen kağıdıyla hizalayın.
b) Antep fıstığının gevşek kabuklarını ovalayın ve bir mutfak robotunda fındıkları toz şekerle öğütün.
c) Bir kasede fıstık karışımını, unu ve tuzu çırpın ve beyazları, tereyağını ve vanilyayı iyice birleşene kadar çırpın.
ç) Yuvarlak çay kaşığı hamurunu bir fırın tepsisine 5 inç aralıklarla bırakın ve bir kaşığın arkasıyla 3½ ila 4 inçlik turlara yayın.
d) Gofretleri fırının ortasında pişirin. Hızlı bir şekilde sıcak gofretleri ince metal bir spatula ile bir rafa aktararak tamamen soğumasını sağlayın.
e) Kalan hamurla aynı şekilde daha fazla gofret yapın, her parti için kağıdı püskürtün veya yeniden astarlayın.

KREM ŞANTİ YAPIN
f) Soğutulmuş bir kaseye vanilya çekirdeğini kazıyın ve kremayı ve toz şekeri ekleyin.
g) Bir çırpma teli veya elektrikli karıştırıcı ile karışımı sert zirveler elde edene kadar çırpın.

MONTAJLAMA
ğ) 4 plakanın her birinin ortasına bir gofret koyun.
h) Her bir gofretin üzerine yaklaşık 2 yemek kaşığı krem şanti sürün, ¼ inç kenarlık bırakın ve üzerine çileklerin yarısını ekleyin.
ı) Çileklerin üzerine başka bir gofret koyun ve aynı şekilde kalan krema ve çilekleri de üstüne koyun.
i) 4 gofreti şekerleme şekeriyle tozlayın ve tatlıların üzerine koyun.
j) Her millefeuillantini çilekle süsleyin ve tabaklara antep fıstığı serpin.

78.Ayyaş Çilekli Trifle

TALİMATLAR:
- 1 bardak soğuk tam yağlı süt
- 1 su bardağı ekşi krema
- 3,4 onsluk hazır vanilyalı puding karışımı paketi
- 1 çay kaşığı rendelenmiş portakal kabuğu rendesi
- 2 su bardağı ağır krem şanti
- 8 su bardağı küp şeklinde melek yemekli kek
- 4 su bardağı dilimlenmiş taze çilek
- ½ bardak Grand Marnier, artı 2 yemek kaşığı

TALİMATLAR:
a) Küp şeklinde kesilmiş Angel Food Cake'i bir gece boyunca dondurucudaki ½ bardak Grand Marnier'de bekletin.
b) Başlamak için taze ağır kremanızı çırpın ve bir kenara koyun. Büyük bir kapta sütü, ekşi kremayı, 2 yemek kaşığı likörü, puding karışımını ve portakal kabuğu rendesini düşük hızda koyulaşana kadar çırpın. Çırptığınız kremanın içine katlayın.
c) Trileçe kabınızı düzenlemek için: kekin ⅓'ünü tabana ekleyin. Yanlarına ve üstüne çilekleri ekleyin. Daha sonra üzerine pudingli karışımınızı ekleyin. Tekrarlamak.
ç) Servis yapmadan önce 2 saat buzdolabında bekletin. Porsiyonlar arasında buzdolabında saklayın.

79.Çilek Ravent Ayakkabıcı

TALİMATLAR:
- 3 bardak çilek, dörde bölünmüş
- 1 inçlik bloklara dilimlenmiş 2 bardak ravent
- 2 yemek kaşığı mısır nişastası
- 1-2 yemek kaşığı esmer şeker
- 1 çay kaşığı vanilya özü
- 1 limon suyu ve kabuğu rendesi
- 1 Ayakkabıcı hamuru

TALİMATLAR:
a) Bir karıştırma kabına tüm malzemeleri (hamur hariç) ekleyin ve meyveleri mısır nişastasıyla eşit şekilde kaplayacak ve şekeri eşit şekilde dağıtacak şekilde yavaşça karıştırın.
b) Yağlanmış bir dökme demir tavaya veya başka bir yüksek sıcaklıkta pişirme kabına yerleştirin.
c) Ayakkabı hamurunu üstüne eşit şekilde yayın ve odun fırınınızda pişirin.
ç) 350 derecede 35-40 dakika veya meyve suları kaynayana ve ayakkabı kabuğu altın kahverengi olana kadar pişirin.

80. Ravent ve Çilek Gevreği

TALİMATLAR:
- ¾ bardak şeker
- 3 yemek kaşığı mısır nişastası
- 3 bardak dilimlenmiş taze ravent veya dondurulmuş ravent, çözülmüş
- 2 su bardağı dilimlenmiş soyulmuş elma veya dilimlenmiş çilekler
- 1 su bardağı çabuk pişirilen veya eski moda yulaf
- ½ su bardağı paketlenmiş esmer şeker
- ½ su bardağı tereyağı, eritilmiş
- ⅓ bardak çok amaçlı un
- 1 çay kaşığı öğütülmüş tarçın
- Vanilyalı dondurma, isteğe bağlı

TALİMATLAR:
a) Büyük bir kapta şekeri ve mısır nişastasını birleştirin. Ravent ve elma veya çilek ekleyin; ceketine fırlat. 8 inçlik bir kaşıkla. dökme demir tava veya başka bir fırına dayanıklı tava.
b) Küçük bir kapta yulaf, esmer şeker, tereyağı, un ve tarçını, karışım iri kırıntılara benzeyene kadar birleştirin. Meyvelerin üzerine serpin.
c) Çıtır çıtır ve kabarcıklı hale gelene ve meyveler yumuşayana kadar 350°'de yaklaşık 45 dakika pişirin. Arzu ederseniz sıcak olarak dondurma ile servis yapın.

81.Çilekli Biscoff Tatlı Pizza

TALİMATLAR:
PİZZA HAMURU İÇİN:
- 1 ½ su bardağı çok amaçlı un
- 2 yemek kaşığı toz şeker
- ½ çay kaşığı tuz
- 1 çay kaşığı aktif kuru maya
- ⅔ bardak ılık su
- 2 yemek kaşığı zeytinyağı

ÜSTÜ İÇİN:
- ½ bardak Biscoff kreması (veya Speculoos kreması)
- 1 su bardağı dilimlenmiş çilek
- Üzeri için 2 yemek kaşığı pudra şekeri
- Dilimlenmiş Muz, Çilek (isteğe bağlı)

TALİMATLAR:

a) Büyük bir karıştırma kabında un, şeker, tuz ve mayayı birlikte çırpın. Sıcak su ve zeytinyağını ekleyin. Hamur bir araya gelinceye kadar karıştırın.

b) Hamuru hafifçe unlanmış bir yüzeye aktarın ve pürüzsüz ve elastik hale gelinceye kadar yaklaşık 5 dakika yoğurun.

c) Hamuru top haline getirin.

ç) Hamur topunu tekrar karıştırma kabına yerleştirin ve üzerini temiz bir mutfak havlusuyla örtün. Yaklaşık 1 saat, yani boyutu iki katına çıkana kadar ılık bir yerde mayalanmaya bırakın.

d) Fırınınızı 220°C'ye (425°F) önceden ısıtın. Bir fırın tepsisini parşömen kağıdıyla hizalayın.

e) Hamur kabardıktan sonra hazırlanan fırın tepsisine aktarın. Hamuru yuvarlak veya dikdörtgen pizza şekline getirmek için ellerinizi kullanın.

f) Biscoff'u pizza hamurunun üzerine eşit şekilde yayın ve kenarlarda küçük bir kenarlık bırakın.

g) Biscoff kremasının üzerine dizin .

ğ) Pizzayı önceden ısıtılmış fırına yerleştirin ve yaklaşık 12-15 dakika veya kabuk altın rengi kahverengi olana kadar pişirin.

h) Tatlı pizzayı fırından çıkarın ve biraz soğumasını bekleyin.

ı) Üstüne pudra şekeri serpin.

i) İstenirse üzerine muz ve çilek ekleyin.

j) Çilekli Biscoff Tatlı Pizza'yı dilimler halinde veya kareler halinde dilimleyin ve ılık veya oda sıcaklığında servis edin.

82.Çilekli Makaron

TALİMATLAR:
ÇİLEK MAKARON KABUKLARI
- 100 gram yumurta akı
- 100 gram beyaz toz şeker
- 105 gram badem unu
- 100 gram pudra şekeri
- 5 gram dondurularak kurutulmuş çilek tozu
- Bir damla fuşya gıda boyası

ÇİLEKLİ TEREYAĞ KREMASI
- 4 yemek kaşığı tuzsuz tereyağı, yumuşatılmış (56 gram)
- 1 1/2 bardak şekerleme şekeri, elenmiş (187,5 gram)
- 1/3 bardak dondurularak kurutulmuş çilek tozu (yaklaşık 30 gram)
- Gerektiği gibi 2 ila 4 yemek kaşığı süt veya su

DEKORE ETMEK
- 56 gram beyaz çikolata
- 5 gram toz haline getirilmiş dondurularak kurutulmuş çilek

TALİMATLAR:
ÇİLEK MAKARON KABUKLARI

a) Büyük yuvarlak uçlu (yaklaşık 1/4 inç çapında) büyük bir sıkma torbası hazırlayın. Bir kenara koyun.

b) İki fırın tepsisini parşömen kağıdı veya silikon paspaslarla hizalayın.

c) Pudra şekeri, badem unu ve dondurularak kurutulmuş çilek tozunu birlikte eleyin. Bir kenara koyun.

ç) İçinde zar zor kaynayan su bulunan bir tavanın üzerine yerleştirilen ısıya dayanıklı bir kapta (çift kazanlı kurulum), şekeri ve yumurta aklarını birleştirin. Karışımı şeker tamamen eriyene ve karışım köpük köpük olana kadar çırpın. Bu birkaç dakika sürecektir.

d) Şeker ve yumurta akı karışımını stand mikserinin kasesine aktarın ve düşük hızda yaklaşık 30 saniye çırpın, ardından hızı yavaş yavaş orta seviyeye yükseltin. Karışım beyaz ve kabarık hale gelinceye kadar 1-2 dakika çırpın. Sert tepe noktaları oluşana kadar yüksek veya orta-yüksek hızda çırpmaya devam edin.

e) Sert beze elenmiş pudra şekeri, badem unu ve dondurularak kurutulmuş çilek tozunu ekleyin. Ayrıca isterseniz bir damla fuşya gıda boyası ekleyin.

f) Parlak ve akıcı bir hamur oluşturmak için kuru malzemeleri yavaşça beze ekleyin. Fazla karıştırmamaya dikkat edin.
g) Hamuru hazırlanan sıkma torbasına aktarın.
ğ) Varsa makarna şablonlarını kullanarak hamuru fırın tepsisine daireler halinde sıkın. Hava kabarcıklarını gidermek için tepsileri birkaç kez tezgaha vurun ve kabukları kuru bir yüzey oluşana kadar yaklaşık 20-40 dakika bekletin.
h) Fırını önceden 325°F'ye (165°C) ısıtın.
ı) Bir tepsi makarna kabuğunu, daha derin bir renk ve kıvam alana kadar yaklaşık 15 ila 20 dakika pişirin. Kabuklar tamamen pişene ve sallantı hissetmeyene kadar hareket ettirmekten kaçının.
i) Kabukları fırından çıkarın ve doldurmaya devam etmeden önce tamamen soğumalarını bekleyin.

ÇİLEKLİ TEREYAĞ KREMASI

j) Elektrikli karıştırıcının kasesinde yumuşatılmış tereyağını orta hızda yaklaşık 1 dakika kremalayın.
k) Mikseri kapatın ve elenmiş pudra şekerinin tamamını ve dondurularak kurutulmuş çilek tozunu ekleyin.
l) Malzemeleri düşük hızda bir araya gelinceye kadar çırpın, ardından hızı orta seviyeye yükseltin ve tereyağlı krema kabarık olana kadar 1-2 dakika krema yapın.
m) Tereyağlı krema kuru veya sert görünüyorsa 2 yemek kaşığı süt veya su ekleyip pürüzsüz ve kremsi bir kıvama gelinceye kadar karıştırın. Gerekirse daha fazla pudra şekeri ile ayarlayın.

DEKORE ETMEK

n) Beyaz çikolatayı mikrodalgada eritip sıkma torbasına koyun. Torbanın ucunu makasla kesin.
o) Makaron kabuklarının yarısının üzerine eritilmiş beyaz çikolatayı gezdirin ve dekorasyon için üzerine toz haline getirilmiş dondurularak kurutulmuş çilekleri serpin.
ö) Her makarnanın alt kabuğuna az miktarda çilekli tereyağlı krema sıkın ve ardından üstüne süslü bir kabukla sandviç yapın.

83.Çilekli Şampanya Şerbeti

TALİMATLAR:
- 4 su bardağı taze çilek, yıkanmış ve kabuğu soyulmuş
- 1 ½ bardak şampanya veya prosecco
- ⅓ su bardağı toz şeker

TALİMATLAR:
a) Tüm malzemeleri blendera ekleyin ve pürüzsüz hale gelinceye kadar karıştırın.
b) Karışımı bir dondurma makinesine aktarın ve üreticinin talimatlarına göre çalkalayın.
c) Hemen yiyin veya sertleşene kadar soğutmak için dondurucuya dayanıklı bir kaba aktarın.

84. Ferrero Rocher Çilek Charlotte

TALİMATLAR:
- 24 adet kedi dili bisküvi
- 1 bardak ağır krema
- ¼ su bardağı pudra şekeri
- 1 çay kaşığı vanilya özü
- 8 ons krem peynir, yumuşatılmış
- ½ fincan çikolatalı fındık kreması (Nutella gibi)
- 1 su bardağı doğranmış çilek
- 12 adet Ferrero Rocher çikolatası, doğranmış
- Süslemek için çikolata parçacıkları
- Süslemek için taze çilek

TALİMATLAR:
a) yaylı tavanın kenarlarını kedi dili bisküvileriyle hizalayın ve bunları dikey ve yan yana yerleştirin. Pürüzsüz tarafı dışarı bakacak şekilde bırakın.
b) Bir karıştırma kabında kremayı, pudra şekerini ve vanilya özünü yumuşak zirveler oluşana kadar çırpın. Bir kenara koyun.
c) Başka bir karıştırma kabında krem peyniri pürüzsüz ve kremsi bir kıvama gelinceye kadar çırpın.
ç) Çikolatalı fındık kremasını krem peynire ekleyin ve iyice birleşene kadar çırpın.
d) Çırpılmış kremayı, tamamen birleşene kadar krem peynir karışımına yavaşça katlayın.
e) Karışıma doğranmış çilekleri ve doğranmış Ferrero Rocher çikolatalarını ekleyin.
f) Karışımı hazırlanan yaylı tavaya eşit şekilde yayarak dökün.
g) Charlotte'u buzdolabına yerleştirin ve en az 4 saat veya soğuyana kadar soğumaya bırakın.
ğ) Ayarlandıktan sonra yaylı kalıbın kenarlarını çıkarın.
h) Charlotte'un üstünü çikolata talaşı ve taze çileklerle süsleyin.
ı) Rocher Çilek ve Çikolatalı Charlotte'u dilimleyip servis edin ve kremalı dolgu, çilek ve Ferrero Rocher çikolatalarının zengin lezzetlerinin enfes kombinasyonunun tadını çıkarın !

85.Hibiscus Çilek Margarita Float

TALİMATLAR:
HIBISCUS ÇİLEK ŞURUBU
- 2 bardak su
- ¾ bardak şeker
- 1 lb dilimlenmiş çilek
- 1 oz kurutulmuş ebegümeci çiçeği veya eşit ağırlıkta ebegümeci çay poşetleri

MARGARITA DONDURMA ŞAMANDIRASI
- 1 shot Hibiscus Çilek Şurubu
- 1 ½ shot Gümüş Tekila
- 1 - 2 kaşık Tuzlu Limon Şerbeti
- Üstüne limonlu soda

TALİMATLAR:
HIBISCUS ÇİLEK ŞURUBU
a) Su, şeker ve ebegümeci kaynatın. Kaynadıktan sonra 15 dakika daha kaynatılarak koyulaşması sağlanır. Boşaltmak.
b) Hibiskus sıvısını tekrar kaynatın ve çilek dilimlerini ekleyin. Çilekler yumuşayana ve şurup koyulaşana kadar 5-10 dakika kısık ateşte pişirin. Tamamen soğumasını bekleyin. Sıvıyı ince bir süzgeçten geçirin ve tüm sıvının çıkması için çileklerin üzerine hafifçe bastırın.
c) Bir şişeye aktarın. Gece boyunca buzdolabında bekletin.

MARGARITA DONDURMA ŞAMANDIRASI
ç) Hibiscus Çilek Şurubu ve Tekilayı uzun bir dondurma bardağına dökün.
d) Bir kaşık limon şerbeti ekleyin.
e) Üzerine limonlu soda ve bir tutam tuz ekleyin.
f) İsteğe bağlı - şamandıranın üstüne biraz limon kabuğu rendeleyin.
g) Derhal servis yapın. İçmeden önce karıştırın!

ÇEŞNİLER

86.Çilek reçeli

TALİMATLAR:
- 1 pound taze çilek, kabukları soyulmuş ve yarıya bölünmüş
- 1 ½ su bardağı toz şeker
- 2 yemek kaşığı taze limon suyu

TALİMATLAR:
a) Büyük bir tencerede çilekleri ve şekeri birleştirin. Mayalanması için yaklaşık bir saat bekletin.
b) Çilek karışımını orta ateşte sık sık karıştırarak şeker termometresinde 105°C'ye ulaşana kadar yaklaşık 20-25 dakika pişirin.
c) Ateşten alın ve limon suyuyla karıştırın.
ç) Reçeli sterilize edilmiş kavanozlara aktarın ve kapatın.

87.Çilek Lavanta Reçeli

TALİMATLAR:
- 1 kiloluk çilek
- 1 pound şeker
- 24 lavanta sapı (bölünmüş)
- 2 limon, suyu

TALİMATLAR:
a) Çilekleri yıkayarak, kurutarak ve kabuklarını soyarak başlayın.
b) Büyük bir kapta çilekleri şeker ve 12 adet lavanta sapı ile katlayın. Aromaların birbirine karışmasını sağlamak için bu karışımı gece boyunca serin bir yere koyun.
c) Ertesi gün, gece boyunca demlemek için kullanılan lavanta saplarını çıkarın ve atın. Meyve karışımını büyük, alüminyum olmayan bir tencereye yerleştirin.
ç) Kalan 12 lavanta sapını birbirine bağlayın ve limon suyuyla birlikte meyvelere ekleyin.
d) Karışımı orta ateşte kaynayana kadar pişirin, ardından ara sıra karıştırarak 20-25 dakika pişirmeye devam edin. Üstte oluşan köpüğü aldığınızdan emin olun.
e) Reçel koyulaşıp istediğiniz kıvama ulaştığında lavanta saplarını çıkarın ve atın.
f) Çilek lavanta reçelini dikkatlice sterilize edilmiş kavanozlara dökün ve kapatın.

88.Çilek Sır

TALİMATLAR:
- 1 bardak taze çilek, kabuğu soyulmuş ve doğranmış
- 1 su bardağı pudra şekeri
- 1 yemek kaşığı limon suyu

TALİMATLAR:
a) Bir blender veya mutfak robotunda çilekleri pürüzsüz hale gelinceye kadar püre haline getirin .
b) Orta boy bir kapta, pudra şekeri ve limon suyunu birlikte çırpın.
c) Çilek püresini pudra şekeri karışımına ekleyin ve iyice karışana kadar çırpın.
ç) Sırınızı tatlınızın üzerine dökün ve servis yapmadan önce soğumasını bekleyin.

89.Ravent, Gül ve Çilek Reçeli

TALİMATLAR:
- 2 kilo ravent
- 1 kiloluk çilek
- ½ pound yüksek kokulu gül yaprakları
- 1½ pound şeker
- Tohumları da dahil olmak üzere 4 sulu limon bir kenara bırakıldı

TALİMATLAR:

a) Raventi dilimleyin ve kabuğu soyulmuş çileklerin tamamı ve şekerle birlikte bir kaseye katlayın. Limon suyunu dökün, örtün ve bir gece bekletin.

b) Kasenin içeriğini reaktif olmayan bir tavaya dökün. Muslin torbasına sarılmış limon çekirdeklerini ekleyin ve yavaşça kaynatın. 2 dakika kaynatın, ardından tavanın içindekileri tekrar kaseye dökün. Bir gece daha üzerini örtüp serin bir yerde bekletin.

c) Ravent ve çilek karışımını tekrar tavaya koyun.

ç) Gül yapraklarının diplerindeki beyaz uçları çıkarın ve yaprakları meyvelerin arasına iyice bastırarak tavaya ekleyin.

d) Kaynatın ve ayar noktasına ulaşana kadar hızla kaynatın, ardından ılık, sterilize edilmiş kavanozlara dökün.

e) Mühürleyin ve işleyin.

İÇECEKLER

90.Skittles Çilekli Milkshake

TALİMATLAR:
AROMALI SÜT:
- 4 su bardağı vanilyalı dondurma
- 12 Çilekli Skittles Freeze Pops, dondurulmuş
- 1 ½ bardak çilek, ikiye bölünmüş ve dörde bölünmüş

SERVİS:
- ¼ bardak Çilekli Skittles
- 9 ons Beyaz Çikolatalı Badem Kabuğu, eritilmiş
- 1 su bardağı Krem Şanti
- 1 bardak Çilek

TALİMATLAR:
a) Küçük ila orta boy bir kapta, 9 ons beyaz çikolatalı badem kabuğunu mikrodalgada eritin ve pürüzsüz hale gelinceye kadar 15-30 saniyelik aralıklarla karıştırın. Hafifçe erimiş fıstık ezmesi kıvamına gelinceye kadar soğumaya bırakın.
b) Milkshake bardağınızın kenarını soğutulmuş beyaz çikolataya batırın ve eşit bir şekilde batırılmasını sağlayın. Bardağı 45 derecelik bir açıyla eğin ve çikolatanın damlamadan kenardan akmasını sağlamak için yavaşça döndürün. Çilekli Skittles'ları jantın çevresine yerleştirin ve soğuması için buzdolabında saklayın.
c) 1 ½ su bardağı taze çileği dilimleyip dörde bölün ve bir kenara koyun.
ç) 12 dondurulmuş Çilekli Skittles Freeze Pops'u orta boy bir kasede ezin. Milkshake'te fazla sıvı oluşmasını önlemek için yalnızca dondurulmuş dondurmaları kullanın.
d) Bir karıştırıcıda, 2 bardak ev yapımı vanilyalı dondurmayı ve ezilmiş Skittles dondurmalarını birleştirin. Milkshake eşit pembe bir renk elde edinceye kadar karıştırın. Kalınlığı korumak için aşırı karıştırmaktan kaçının.
e) Kesilmiş ve dörde bölünmüş çilekleri karıştırıcıya ekleyin ve istediğiniz milkshake kıvamına gelinceye kadar karıştırın.
f) Milkshake'i çikolata kaplı Skittles kenarlı hazırlanmış bardağa dökün.
g) Mükemmel sunum için milkshake'in üzerine taze çırpılmış krema ve bir çilek ekleyin.
ğ) Bir pipet yerleştirin ve "gökkuşağının tadına bakın!"

91.Çilek Açaí Rosé Spritzer

TALİMATLAR:

- 1 Su Bardağı Çilek
- ½ Limon, suyu sıkılmış
- 8 oz Rose
- 6 oz Enerji İçeceği
- Süslemek için: Çilek, Limon Dilimleri, Nane Yaprakları

TALİMATLAR:

a) Bir karıştırıcıda çilekleri ve limon suyunu pürüzsüz hale gelinceye kadar püre haline getirin.
b) Her spritzer için bir bardağa 3 yemek kaşığı çilek püresi ve roze ekleyin.
c) Buz küplerini ekleyin ve üzerine Enerji İçeceği ekleyin. Tekrar karıştırın.
ç) Çilek, limon dilimleri ve taze nane ile süsleyin... ve tadını çıkarın!

92.Çilek Lassi

TALİMATLAR:

- ¼ bardak az yağlı süt
- 1 su bardağı az yağlı sade yoğurt
- 2 yemek kaşığı beyaz şeker veya tatlandırıcı
- 3 buz küpü
- 9 adet çilek (durulanmış ve kabuğu soyulmuş)

TALİMATLAR:

a) 3 adet çileği küçük parçalar halinde kesip bir kenara koyun.
b) Tatlandırıcıyı ve çileklerin geri kalanını bir karıştırıcıya koyun ve yaklaşık 30 saniye boyunca işleyin.
c) Sütü ekleyin ve 30 saniye daha karıştırın.
ç) Yoğurdu ekleyip bir dakika daha karıştırın.
d) Üç uzun bardağın her birine bir buz küpü yerleştirin
e) Karışımı buz küpünün üzerine dökün ve üzerine çilek parçalarını yerleştirin.
f) Anında servis yapın.

93.Çilek ve Marshmallow Kokteyli

TALİMATLAR:

- 8 adet beyaz marshmallow
- 4 ahududu
- 1 litre çilekli dondurma
- ½ bardak kremalı likör, soğutulmuş
- ⅓ fincan votka, soğutulmuş
- 125 gr ahududu, ekstra
- 1 çay kaşığı vanilya fasulyesi ezmesi

TALİMATLAR:

a) Izgarayı orta dereceye kadar önceden ısıtın. Bir fırın tepsisini folyo ile hizalayın. Şekerlemeleri ve ahududuları küçük bambu şişlere geçirin. Şişlerin açıkta kalan uçlarını folyo ile kapatın. Yağlanmış tepsiye yerleştirin.

b) Izgara altında 1-2 dakika veya marshmallowlar hafifçe kızarana kadar pişirin.

c) Dondurmayı, likörü, votkayı, ekstra ahududuları ve vanilyayı bir karıştırıcıya yerleştirin ve pürüzsüz ve kremsi bir kıvama gelinceye kadar karıştırın. Servis bardaklarının arasına eşit şekilde dökün.

ç) Üzerine marshmallow şişlerini ekleyip hemen servis yapın.

94.Çilekli Muzlu Fındıklı Smoothie

TALİMATLAR:
- 6-7 çilek
- ½ muz
- 1 bardak süt
- 1 ½ su bardağı çikolatalı dondurma
- 9-10 fındık
- 1 çikolata çubuğu
- 1 kek

TALİMATLAR:
a) Bir karıştırıcıda süt, çilek, muz ve çikolatalı dondurmayı birleştirin. Pürüzsüz bir karışım elde edene kadar karıştırın.
b) Smoothie'yi bir bardağa dökün ve ekstra bir dokunuş için çikolatayla süsleyin. Daha da lezzetli hale getirmek için bir brownie ve bir çikolata çubuğu ekleyin.
c) Soğutulmuş smoothie'yi servis edin ve iyiliğin tadını çıkarın!

95.Çilekli Limonata Spritzer

TALİMATLAR:
- 1 su bardağı taze çilek, kabuğu soyulmuş ve dilimlenmiş
- ½ su bardağı taze limon suyu
- ¼ su bardağı toz şeker
- 2 bardak maden suyu
- Buz küpleri
- Süslemek için taze nane yaprakları

TALİMATLAR:
a) Bir karıştırıcıda çilekleri, limon suyunu ve şekeri birleştirin. Pürüzsüz olana kadar karıştır.
b) Tohumları çıkarmak için karışımı ince gözenekli bir elek ile süzün.
c) Bardaklara buz küplerini doldurun ve çilek-limon karışımını buzun üzerine dökün.
ç) Her bardağı maden suyuyla doldurun ve yavaşça karıştırın.
d) Taze nane yapraklarıyla süsleyip servis yapın.

96.Çilek ve Fıstıklı Smoothie

TALİMATLAR:
- 3 su bardağı dondurulmuş çilek
- 1 su bardağı kabukları soyulmuş, kavrulmuş fıstık
- 1 su bardağı şekersiz vanilyalı badem sütü
- 1 ½ yemek kaşığı saf akçaağaç şurubu
- 1 bardak su

TALİMATLAR:
a) Antep fıstıklarınızı bir kaseye koyun ve üzerini tamamen suyla kaplayın. En az 3 saat veya mümkünse bir gece bekletin.
b) Suyu boşaltın ve antep fıstıklarını iyice durulayın. Onları bir karıştırıcıya koyun.
c) Geriye kalan malzemeleri blenderda pürüzsüz ve kremsi bir kıvama gelinceye kadar püre haline getirin. Servis yapın ve tadını çıkarın!

97.Dalgona Çilekli Süt

TALİMATLAR:
- 2 yemek kaşığı dondurularak kurutulmuş çilek tozu
- 2 yemek kaşığı şeker
- 2 yemek kaşığı sıcak su
- Süt (herhangi bir tür)

TALİMATLAR:
a) Bir kapta, dondurularak kurutulmuş çilek tozunu, şekeri ve sıcak suyu koyulaşıp köpürene kadar çırpın.
b) Bir bardağı sütle doldurun.
c) Çırpılmış Dalgona karışımını sütün üzerine dökün.
ç) Tadını çıkarmadan önce karıştırın.

98.Köpüklü Çilek Mimoza

TALİMATLAR:

- 2 ons portakal suyu
- 2 ons çilek
- ½ ons çilek şurubu 4 ons şampanya

TALİMATLAR:
a) Portakal suyunu, çilekleri ve çilek şurubunu bir karıştırıcıda pürüzsüz hale gelinceye kadar karıştırın.
b) Bir kokteyl bardağına dökün.
c) Şampanyayla doldurun.
ç) Çilek ve portakal dilimiyle süsleyin.

99.Kahvaltı Dut Muzlu Milkshake

TALİMATLAR:
- 1 inçlik parçalar halinde dilimlenmiş 2 olgun muz
- ¼ bardak yaban mersini
- 5 ila 10 bütün çilek, dörde bölünmüş ve kabukları soyulmuş
- ½ bardak süt

TALİMATLAR:
a) Meyveleri plastik bir dondurucu poşette birleştirin; kapatın ve gece boyunca 3 saat dondurun.
b) Dondurulmuş meyveleri bir blender veya mutfak robotuna yerleştirin. Meyveler kaya gibi sertse biraz erimesine izin verin.
c) Süt ekleyin ve pürüzsüz ve kalınlaşana kadar işleyin.
ç) Bardaklara paylaştırıp kaşıkla servis yapın.

100. Nane ve Çilek Smoothie

TALİMATLAR:
- 1 muz
- 1 su bardağı dondurulmuş çilek
- ¼ bardak taze nane yaprağı
- ½ bardak şekersiz vanilyalı badem sütü
- ½ bardak Yunan yoğurdu
- 1 yemek kaşığı bal

TALİMATLAR:
a) Bir karıştırıcıda muz, dondurulmuş çilek, nane yaprağı, badem sütü, Yunan yoğurdu ve balı birleştirin.
b) Pürüzsüz olana kadar karıştır.
c) Bir bardağa dökün ve hemen servis yapın.
ç) Eğlence!

ÇÖZÜM

"Çilek: 100 Denenmiş ve Gerçek Tarif" yolculuğumuzu tamamlarken, çileğin harika dünyasını keşfetmek ve yemeklerinizde bu sevilen meyvenin tadını çıkarmanın yeni yollarını keşfetmek için ilham aldığınızı umuyoruz. İster klasik çilekli tatlılarla kendinizi şımartın, ister leziz çilek yemeklerini deneyin, ister yaz hasadını daha sonra keyif için saklıyor olun, konu çileklerle yemek pişirmeye geldiğinde lezzetli olasılıkların hiçbir sıkıntısı yoktur.

Çileğin tatlı ve sulu dünyasını keşfetmeye devam ederken, denediğiniz her tarifin sizi bu sevilen meyvenin sunduğu canlı tatları ve enfes dokuları deneyimlemeye daha da yaklaştırmasını dilerim. İster kendiniz, ister aileniz, ister arkadaşlarınız için yemek yapıyor olun, çileklerin eklenmesi yemeklerinize neşe ve tatmin getirebilir ve masa etrafında değerli anılar yaratabilir.

Çilek dünyasındaki bu lezzetli yolculuğa bize katıldığınız için teşekkür ederiz. Mutfağınız tatlı çilek kokusuyla, sofranız leziz yemeklerin lezzetiyle, kalbiniz güzel yemek pişirmenin ve paylaşmanın neşesiyle dolsun. Tekrar buluşana kadar, mutlu yemek pişirme ve afiyet olsun!

www.ingramcontent.com/pod-product-compliance
Lightning Source LLC
Chambersburg PA
CBHW071316110526
44591CB00010B/905